AF277699

Nápoles
y Costa Amalfitana

ANAYA
TOURING

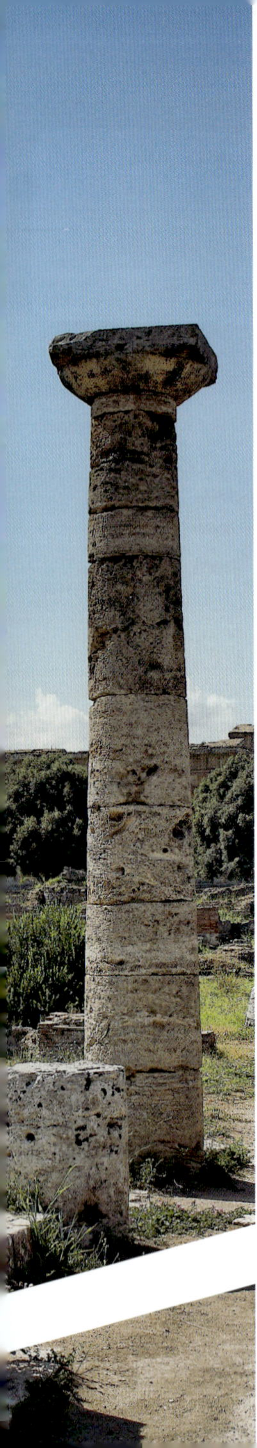

Autora: **Begoña del Río**

Responsable de proyecto: **David Lozano**
Edición y maquetación: **Olalla Aguirre**
Cartografía: **ANAYA Touring**
Diseño tipográfico y de cubierta: **marivies**

Procedencia de las fotografías: 123RF: 2, 26c, 27ab, 32, 43cd,
56ab, 56-57, 58, 60cd, 66d, 69ab, 79ab, 81b, 86, 94a, 107cd. **B.
del Río:** 11a, 12b, 21, 80a, 104, 112a. **CC:** 17 (2). **Dreamstime:**
10, 25, 26-27, 39, 44, 48, 63, 67. **iStock:** Cubierta (2), 18-19, 22,
30, 31a, 34-35, 89, 98, 101, 111. **Martin, Joseph/Anaya:** 13,
14c, 20c. **Shutterstock:** 6-7, 8, 9, 11b, 16, 23, 28, 29, 31b, 33b,
36-37, 38, 51, 52-53, 54, 55, 59, 61, 62, 64, 68, 70ab, 71, 73ab,
74, 75ab, 76, 77, 80, 85, 87, 88, 90, 92-93, 94, 96, 103, 105, 106,
108, 109, 110. **ThinkStock:** 12a, 14d, 15, 20ab, 33a, 34, 35, 66c,
78, 79c, 81a, 84.
(a= arriba, b= abajo, c= izqda., d= dcha.).

4ª edición, 2025

© Grupo Anaya, S. A., 2025
   Valentín Beato, 21. 28037, Madrid
   www.guiasdeviajeanaya.es

Depósito legal: M-23.241-2024
ISBN: 978-84-9158-869-6
Impreso en España-Printed in Spain

PAPEL DE FIBRA
CERTIFICADO

Índice de lugares

Naturaleza y paisaje

Cómo usar esta guía

Esta **Guiarama** de **Nápoles y Costa Amalfitana** se divide en cinco secciones que abarcan los aspectos más importantes de la visita.

Una mirada a Nápoles, páginas 6-17

Presentación
Nápoles en cifras
Lo que no hay que perderse
Un poco de historia
Naturaleza y paisaje
Personajes famosos

Por el **golfo de Salerno**

Diez lugares inolvidables, páginas 18-35

Selección de los diez lugares más atractivos, todos con información práctica.

Visita, páginas 36-91

Se divide en varias zonas, Nápoles y alrededores, el Golfo de Nápoles, la Península Sorrentina y la Costa Amalfitana, todas con los lugares más interesantes. Además se complementa con:

Información práctica
Breves notas "¿Sabías que...?"
Paseos a pie, en barco y en coche
Gastronomía
Lo que hay que saber

Pompeya

8

Dónde ..., páginas 92-111

Información detallada sobre restaurantes, alojamientos, compras, donde ir con niños, fiestas y ocio.

Información práctica, páginas 112-118

Toda la información necesaria para el viajero presentada de forma visual.

Mapas y planos

Todas las referencias remiten al plano de la ciudad incluido en la guía. Por ejemplo, Castel Nuovo va seguido de la referencia 🔋 41C3 que indica la página en la que se encuentra el plano (41) y las coordenadas (C3) donde se halla el edificio. También se incluye un mapa de la zona, en las pág. 82-83.

Precios

El precio aproximado de los establecimientos se indicará mediante los signos:

C caro, **M** moderado y **E** económico.

Clasificación por estrellas

La mayoría de los lugares descritos en el libro se han clasificado por su grado de interés como sigue:

***   Visita obligada
**   Muy interesante
*   Interesante

Símbolos utilizados

A lo largo de la guía se han utilizado símbolos sencillos y claros para indicar las siguientes categorías:

⊙	referencia al plano de Nápoles
✉	dirección o localización
☎	número de teléfono
⊙	horario
🍴	restaurante o café
Ⓜ	estación de metro más cercana
🚍	rutas de autobús o tranvía
🚆	estación de tren más cercana
⚓	ferry más cercano
✈	aeropuerto
🛈	información turística
♿	servicios para discapacitados
🎟	precio de la entrada
⊕	otros lugares de interés cercanos
❗	más información práctica
❂	referencia a la página web con información más detallada

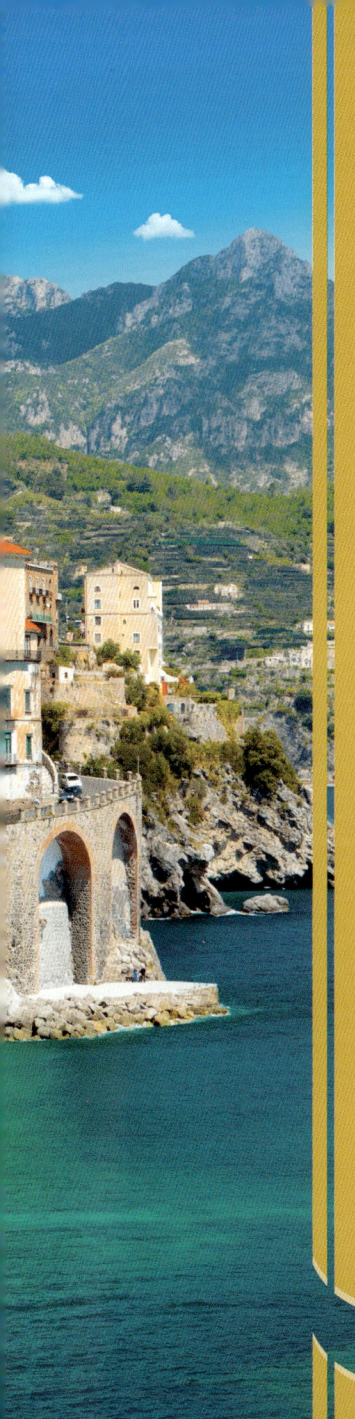

Una
mirada

Presentación

La Nápoles actual es una ciudad fascinante para cualquier viajero que la visite por primera vez. Durante miles de años muchos pueblos se han instalado y han dominado esta tierra, sus habitantes han vivido glorias y dramas que han dado como resultado algo que probablemente no estaba previsto: una ciudad en la que todavía hoy es posible apreciar las distintas capas superpuestas, como testigos de cada una de esas culturas.

Este resultado caótico ha influido y conformado de manera extraordinaria el carácter de sus habitantes, los verdaderos protagonistas de esta ciudad; son los que han conseguido humanizar tanto este espacio que incluso ellos mismos resultan excepcionales como reclamo turístico, sobre todo para los españoles, a los que aprecian especialmente. Amabilidad, hospitalidad... pero además hay en los napolitanos algo indescriptible, algo parecido a una sincera preocupación por que los demás se sientan bien. Gracias a ellos, incluso las montañas de basura, el ruidoso e ingobernable tráfico, la camorra, los desconchones de las fachadas resultan atractivos al visitante.

El privilegiado golfo de Nápoles se deja abrazar por la ciudad creando un escenario en el que el sol y el temido y adorado Vesubio, el volcán que hace que esta tierra sea tan fértil, explican por qué tantos pueblos se han detenido aquí. Los Campi Flegrei, las islas de Capri, Ischia y Prócida, la Península Sorrentina y la elegante Costa Amalfitana completan este paisaje, situado al sur de Italia, considerado como uno de los lugares más bellos del mundo, toda una sorpresa para los visitantes de cualquier lugar, busquen lo que busquen.

▎ Partenopea

Nápoles es la única ciudad del mundo cuya fundación se explica con un mito musical: el de la sirena Parténope, la virginal sirena de la Odisea que murió entre las aguas del mar Tirreno y de cuyo cuerpo surgirán el Castel dell'Ovo y la ciudad de Neápolis, que más tarde se llamará Partenopea. La música es tan importante para los napolitanos que sienten una necesidad existencial de salir a escena, y por todas partes se oye música con frecuencia.

Nápoles en cifras

▲ Las aguas transparentes del Mediterráneo en la costa de Nápoles.

La provincia de Nápoles ocupa una extensión de 1.171 km², de los cuales la ciudad se reserva 117,27 y tiene casi 500 km de costa frente al mar Tirreno.

Tiene una población de 3.700.000 habitantes; la provincia de Salerno, a la que pertenece la Costa Amalfitana, tiene 1.108.000. La ciudad de Nápoles con 972.000 habitantes es la capital de Campania, región que reúne a 5.869.000. Su población es relativamente joven: la edad media es de menos de 40 años y aproximadamente un 68 por ciento está dentro del tramo de edad de 15-64 años; el porcentaje de niños menores de 5 años es de un 6 %. La tasa de natalidad es superior a la media del país: 8,64 cada 1.000 habitantes. La densidad de población es de 8.290 hab/km².

Existe un porcentaje de desocupados del 17 %, frente a la media nacional de 10,3 %; el paro entre los jóvenes llega al 50 %.

En Nápoles hay cinco universidades, en Salerno una y otra en Sannio.

Los turistas que llegan a la ciudad lo hacen de paso para visitar Pompeya, el Vesubio, las islas de Capri, Ischia y Prócida y la costa de Sorrento y Amalfi. El puerto de la ciudad (molo Beverello) es uno de los más importantes del mundo y transporta unos 8 millones de pasajeros al año.

La ciudad estaba dividida en 30 quartieri (barrios); pero después de conversaciones y debates, el Comune decidió abolir la provincia y crear la ciudad metropolitana (Città metropolitana), en enero de 2014. Esta se dividió en 10 municipios de unos 100.000 habitantes.

La **esencia** de **Nápoles**

Caótica es la palabra más usada para describir la ciudad de Nápoles, pero aquí la aparente confusión y el desorden resultan muy atractivos. Con el interminable legado cultural que han dejado los numerosos pueblos que se asentaron aquí, se ha construido un espacio insólito y fascinante, donde los restos del pasado no se acaban nunca. Además, está la constante presencia del Vesubio, que, vigilante, arropa y a veces castiga a esta ciudad que no se puede comprender sin él. Pero su esencia se halla, sobre todo, en la naturaleza de sus habitantes, extremadamente amables y acogedores, que han conseguido crear un lugar exquisitamente humano.

No hay que perderse…

Viajar pocos días no implica viajar con prisa. Se pueden conocer rincones de Nápoles y la costa o realizar actividades que ayuden a retener la esencia del lugar. He aquí alguna recomendación.

▌ **Probar la *vera* pizza napolitana.** Las más clásicas son la *margherita*, elaborada por Raffaele Esposito en 1889 para la reina Margarita con los colores de Italia: rojo (tomate), blanco (mozzarella) y verde (albahaca), y la *marinara* (tomate, ajo, aceite y orégano).

▌ **Comprar algunas figuritas** en San Gregorio Armeno (▶45), una de las calles más auténticas de la ciudad, conocida como la calle de los *presepi* (belenes).

▌ **Merendar una *sfogliatella*,** el postre más napolitano, una delicia de hojaldre y crema de limón; conviene asegurarse de que antes de servirla la calienten y espolvoreen azúcar. Un buen sitio es el café *Scaturchio*, en Piazza San Domenico Maggiore 19.

▌ **Recorrer en barco la península sorrentina** para admirar el paisaje que hipnotizó antaño a los viajeros del *Grand Tour.* Existen minicruceros privados que recorren la costa y barcos que salen con bastante

▲ Figuras de belén en via San Gregorio Armeno.

◀ Calle en el centro de la ciudad.

▼ Positano, en la costa amalfitana.

▲ Vía Krupp en Capri.

frecuencia desde el molo Beverello o desde Porta di Massa hacia las islas, una buena manera de conocer esta costa.

❚ Descubrir la Costa Amalfitana en autobús. El barco es el medio de transporte más rápido y agradable, pero a veces los horarios obligan a utilizar el autobús. Ver cómo conducen por esas carreteras de curvas, de subidas y bajadas, es bastante entretenido para quien no se maree; resulta muy gracioso el sonido del claxon en las curvas.

❚ Descubrir las playas escondidas. Muchas playas son de difícil o imposible acceso por tierra, pero siempre hay algún barquito que nos acerca. En Cetara, se contratan barcas de pescadores para acceder a playitas de difícil acceso por unos 5 €.

❚ Subir al Vesubio. Es una de las pocas oportunidades que tenemos de visitar el cráter de un volcán y sentir la fuerza del interior de la tierra. La mejor hora es el atardecer.

❚ Bajar por la serpenteante Vía Krupp en la isla de Capri, que va desde los Giardini de Augusto hasta la Marina Piccola. Es una calzada panorámica construida en la roca por el ingeniero alemán Krupp a principios del siglo xx.

❚ Nadar en la isla de Nureyev. Desde Positano organizan excursiones de un día en barco que recorren diferentes tramos de la Costa Amalfitana; una de las paradas para nadar es justo enfrente de una de las islas Li Galli.

❚ Entender a los napolitanos cuando hablan gesticulando con la cara y las manos.

▼ Barca de pesca en Cetara.

Un poco de historia

Siglo VIII a.C. Fundación de pueblos en Pithecusa (770-750 a.C.), en la isla de Ischia y en Cumas (750-730 a.C.).

Siglo VII a.C. Los cumanos fundan Parthenope en Pizzofalcone (monte Echia), el origen de Nápoles.

Siglos VI-V a.C. En el año 530 los griegos fundan Dicearchia (Pozzuoli). Fundación cumana de Neápolis, que junto con Palaepolis, la antigua Parthenope, se convierte en una sola polis.

Siglo I a.C. Sobre Dicearchia los romanos fundaron Puteolis en el 194, que se convirtió en uno de los puertos más importantes de Roma; los Campi Flegrei y las islas fueron elegidos por los romanos como puntos estratégicos de vigilancia.

79 d.C. El 24 de agosto se produjo la más famosa erupción del Vesubio que sepultó Pompeya y Herculano, que ya estaban dañados por el terremoto del año 62; también Estabia quedó sepultada.

VI d.C. Fin del Imperio Romano de Occidente. Nápoles pasa a Bizancio en el año 536. Los Lombardos conquistan Benevento y Salerno.

839 Amalfi se independiza después de haber sido dominada por los lombardos durante los tres años anteriores. La potencia comercial de la República marinera dominará el tráfico marítimo hasta el siglo XI.

1139 Fin del Ducado de Nápoles. La ciudad se incluye en el Reino de Sicilia que comprende todas los posesiones romanas de la Italia meridional. Ruggero II d'Altavilla es el primer rey de la ciudad.

1194 Después del matrimonio de Enrique VI con la última hija de Ruggero II, la dinastía de Suabia sustituye a los normandos.

1224 Federico II Hohenstaufen funda la Universidad de Nápoles.

1266 En la batalla de Benevento, Carlos I de Anjou venció a Manfredi; se convirtió en rey de Sicilia y trasladó la capital de Palermo a Nápoles.

1442-1443 Designado por Giovanna II, Alfonso de Aragón inaugura la dinastía aragonesa

▲ Carlos III de España, conocido en Italia como Carlo VII o Carlo di Borbone, fue también rey de Nápoles y Sicilia y uno de los personajes más queridos de su historia.

❚ El reino de Nápoles

Nápoles durante unos cuantos siglos fue un reino independiente que comprendía extensas áreas del sur de Italia y, durante algunos períodos, también la isla de Sicilia.

En 1442 Alfonso V, rey de Aragón, conquistó Nápoles, que había sido un dominio de la dinastía Angevina desde el año 1266. Desde el siglo XV, Nápoles estuvo en poder de Aragón, Francia, España y Austria. Finalmente fue independiente desde el año 1734 hasta 1860, cuando se produjo la Unificación Italiana con Garibaldi.

▲ *Las tres gracias,* fresco de Pompeya. Al lado, tapiz con la evacuación durante una erupción del Vesubio.

en 1443 con el título de *rex utriusque Siciliae.*

1503 Gonzalo Fernández de Córdoba asume el poder de Nápoles en nombre de Fernando el Católico. Comienza la época de los virreyes españoles.

1631 Después de siglos inactivo, el 16 de diciembre el Vesubio experimenta una de las más violentas erupciones.

1707 Tras la Guerra de Sucesión española, comienza la dominación austríaca.

1709 El general austríaco D'Elboeuf mandó excavar un pozo en su villa y se encontró por casualidad el muro del teatro de Herculano.

1738 Por mandato de Carlos III, se realizan excavaciones para recuperar Herculano, enterrada bajo la lava desde el año 79 d.C. Diez años más tarde comienzan las de Pompeya.

1759 Fernando IV de Borbón sucede a Carlos III, la denominación de Reino de Nápoles adquiere valor constitucional hasta 1816.

1799 El 24 de enero, asedio francés y se proclama la República Partenopea.

1806 Fernando IV huye de Sicilia y se inicia el decenio francés; el trono pasa a José Bonaparte, sustituido luego por Murat.

1815 El 7 de junio regresa al trono de Nápoles Fernando de Borbón y al año siguiente asume el título de rey de las Dos Sicilias. Fusilan a Murat en octubre.

1839 Fernando practica una política moderna e innovadora. Se inaugura la primera vía ferroviaria italiana.

1848 Fernando II elabora una nueva Constitución con tintes conservadores.

1860-1861 Garibaldi entra en Nápoles el 7 de septiembre. Un plebiscito decide la unificación del Nápoles al Reino de Italia bajo el gobierno de Vittorio Emanuele II, al que sucederá Umberto I. Se llevan a cabo las primeras elecciones.

1884 Epidemia de cólera. Primeros indicios de atención nacional al "problema napolitano".

1943 Los bombardeos provocan muchas víctimas y daños irreparables. Tras la caída de Mussolini, a mediados de septiembre, las tropas alemanas ocupan Nápoles. A finales de ese mes los ciudadanos se enfrentan a los alemanes, con éxito, en las llamadas *Quattro giornate di Napoli*.

1944 Nueva erupción del Vesubio. Salerno es la sede del gobierno italiano durante meses.

1970 El *rione Terra* de Pozzuoli tiene que ser evacuado por el bradisismo, un fenómeno ligado a la actividad volcánica de la zona.

1980 Un terremoto en Campania y Basilicata provoca miles de víctimas y cuantiosos daños materiales.

1991 El Cilento es declarado Parque Nacional. A partir de entonces, muchas áreas de la región se incluyeron en la lista de los bienes patrimonio de la humanidad.

1994 Con la Conferencia del G7 en Nápoles, comienza la modernización y la lucha contra la camorra.

2015 Descubren los tesoros de la villa de Augusto en Nola.

2017 El arte tradicional de los *pizzaiuoli* napolitanos es reconocido como Patrimonio Inmaterial de la Humanidad.

2020 Italia, y el mundo entero, es azotado por el COVID-19.

2021 Es elegido alcalde Gaetano Manfredi.

2024 La extrema derecha gana en Italia las elecciones al parlamento europeo.

▲ Retrato de Giuseppe Garibaldi, héroe de la Unificación Italiana.

Naturaleza y paisaje

Es un territorio muy variado y en el que se pueden observar muchos contrastes; además de la famosísima Costiera Amalfitana, el resto del litoral de la región se extiende a lo largo de unos 500 km. En el interior se encuentran llanuras muy fértiles, colinas que poco a poco se transforman en terrenos montañosos, ríos… Y viviendo en medio de todo esto se hallan especies animales y vegetales de todo tipo.

Con el Vesubio como símbolo de la ciudad, la herencia volcánica de la región está siempre presente: en la composición de las calles de Nápoles se puede identificar la piedra volcánica y en los cimientos de muchos edificios también hay materiales de origen volcánico; en los Campi Flegrei (terrenos ardientes) y las islas de Ischia y Procida se han encontrado más de 20 cráteres.

▼ "Casina Vanvitelliana" en el lago del Fusaro, Bacoli.

Entre los Parques Nacionales y las áreas protegidas, los más visitados son el Parque Nacional del Vesubio, el del Cilento, el de los Campi Flegrei y el de los Monti Latteri. La Costa Amalfitana también ha sido declarada Patrimonio de la Humanidad.

Las grutas constituyen uno de los atractivos de la costa, como la famosa Grotta Azzurra de Capri y la Grotta dello Smeraldo entre Positano y Amalfi.

El entorno hace que en esta región la naturaleza esté muy ligada a la actividad turística. Sus privilegiados y variados paisajes ofrecen la posibilidad de elegir entre la costa, la montaña y los volcanes y de practicar miles de actividades con las que disfrutar del medio: excursiones a pie o en bici, espeleología, vela, remo, etc.

Personajes famosos

Pulcinella

Este personaje holgazán, burlón y gracioso, procede de la *Commedia dell'Arte*. Siempre va vestido con una especie de largo camisón blanco y lleva casi toda su cara escondida tras una careta con una gran nariz; esta conocida máscara es obra de Silvio Fiorillo, un actor de la segunda mitad del siglo XVI. Es todo un símbolo del carácter napolitano: astuto, pícaro y fácil de corromper por un lado y fantasioso, dispuesto y amable, por otro.

Giordano Bruno

Filippo Bruno –que más tarde se cambiaría el nombre– nació en Nola, cerca de Nápoles, en 1548 y murió en Roma, en la hoguera, en 1600. Aunque fue un estudioso del Cosmos que propuso interesantes y muy avanzadas teorías sobre el universo, lo que realmente molestó a las autoridades eclesiásticas fueron las ideas teológicas de este gran humanista. Después de viajar por Europa exponiendo sus teorías, acabó siendo excomulgado no solo por los católicos sino también por calvinistas y luteranos. Acusado de herejía ante la Inquisición, fue condenado a morir en la hoguera.

▼ Dos ilustres artistas italianos, Enrique Caruso y Sofía Loren.

Enrico Caruso

Es el tenor italiano nacido en Nápoles (1873-1921) considerado uno de los más grandes de la historia. Su carácter extrovertido, su talento dramático y una voz de tenor casi perfecta, hicieron de él uno de los tenores más aclamados de la historia y el mejor pagado de su tiempo. Contribuyó grandemente a su popularidad la difusión a través del fonógrafo de sus interpretaciones, fue el primer tenor que efectuó grabaciones.

Sophia Loren

Aunque esta bella actriz nació en Pozzuoli en 1934, Sophia Loren de nombre artístico, creció en un ambiente pobre de los suburbios de Nápoles, aspecto social que no le impidió convertirse con el tiempo en una de las más elegantes y glamurosas estrellas del cine mundial de los años 50 y 60.

Roberto Saviano

Nació en Nápoles en 1979 y es periodista y escritor. Se atrevió a publicar su novela *Gomorra,* un "viaje por el imperio económico y el signo de dominio de la Camorra" napolitana, definido por él como "novela no ficción". Ha sido llevada al teatro, a la televisión y al cine. En 2006, tras la publicación del libro, recibió amenazas de muerte.

Lugares
inolvidables

Museo Arqueológico

Un edificio del siglo XVII, el Palazzo degli Studi, acoge este espectáculo de pintura y escultura. La visita es absolutamente necesaria para ilustrar la imprescindible lección de historia.

Cuando Carlos III de Borbón heredó la gran colección de pintura de Isabel de Farnesio, eligió este palacio para depositarla. Y al repertorio de sus valiosas obras se añadieron los muy preciados restos de las excavaciones de Pompeya, Herculano y de otros lugares de la región de Campania. Los restos de arte etrusco y egipcio procedentes de las colecciones privadas Borgia y Picchianti, junto con el Gabinetto Segreto, completan este importante museo arqueológico. Las obras se hallan repartidas en cuatro plantas organizadas según la antigüedad y la afinidad.

La **Colección Farnese** se encuentra en la planta principal y a ella pertenecen algunas de las obras más importantes del museo: de las Termas de Caracalla en Roma proceden el *Toro Farnese,* el grupo escultórico de mármol que describe el suplicio de Dirce y el descomunal *Hércules Farnese;* otras esculturas destacadas son la *Afrodita Calipigia,* la *Artemisa Efesia* y los *Tiranicidas.*

En el gran **Salón de la Meridiana,** que fue construido para albergar la Biblioteca Real, se puede ver también el *Atlante Farnese.* Pero la pieza más valorada de la colección, que jamás sale del museo, es la *Tazza Farnese,* que después de cruzar varias fronteras fue adquirida por Lorenzo el Magnífico en Roma en 1471; las diversas interpretaciones que se han hecho sobre las imágenes representadas en la taza la relacionan con la cultura egipcia.

Info

- 🕐 41A3
- ✉ Piazza Museo 19
- 📞 081 442 2149
- 🕐 9 h a 19.30 h (la taquilla cierra a las 18.30 h); cierra los martes
- 🚇 Museo y Cavour
- 🚌 R4, R1, C47, C16
- ♿ SÍ
- 💶 22 €. Se incrementa cuando hay exposiciones temporales
- 🔗 https://mann-napoli.it/

▼ De izquierda a derecha, mosaico pompeyano de Darío III en la batalla de Isos, frescos de Pompeya, retrato de Paquio Proculo y su mujer y grupo escultórico del *Toro Farnese.*

La **Colección de Arte Pompeyano** reúne esculturas, mosaicos, frescos, además de objetos de plata, cerámica y cristal. Son magníficos los **mosaicos de la Casa del Fauno** con escenas de Alejandro Magno en la batalla de Issos, el de los músicos en la calle y las imágenes de animales, como el tan imitado perro del *Cave canem*. Merece la pena dedicar tiempo a las **pinturas murales:** los maravillosos frescos encontrados en las villas de la región, entre los que destacan el retrato de *Safo, La alegoría de la Primavera* y el retrato de *Paquio Proculo y su mujer*. De la **Villa dei Papiri** en Herculano proceden las esculturas de bronce entre las que sobresalen *Hermes en reposo* y el *Sátiro borracho*. También pertenece a esta sección el **Gabinetto Segreto,** una gran exposición de obras eróticas encontradas en Herculano y Pompeya que reúne muchos objetos en bronce y frescos con escenas muy íntimas, algunos de los cuales se usaban como reclamo en los prostíbulos. Igualmente hay expuesta una **maqueta de Pompeya** muy curiosa que reproduce la ciudad antes del desastre.

▲ Impresionante escultura del Hércules Farnese. Abajo, vasija protocorintia.

Sarcófagos, bustos, estatuas funerarias, joyas y una momia componen las salas de **Arte Egipcio.**

A la **Colección de Epigrafía** pertenecen la *Tablas de Heraclea,* unas láminas órficas –con instrucciones para guiar el alma hacia la santidad eterna– y varios documentos legales sobre Roma y Pompeya.

Otras secciones son las dedicadas a **Numismática,** en la que se halla expuesta una valiosa muestra de monedas de varias épocas y las colecciones de objetos encontrados en el golfo de Nápoles y sus alrededores y en localidades de la **Magna Grecia**.

Spaccanapoli

2

Si se observa la ciudad desde una de las colinas es posible diferenciar claramente Spaccanapoli del resto de las calles; atraviesa el centro histórico de Nápoles describiendo una larga línea que va desde el barrio de Forcella hasta más allá de la Via Toledo.

Info

- 41B3
- Via Benedetto Croce y Via San Biagio dei Librai
- Dante

▶ Comercios locales en Quartieri Spagnoli, dentro de la zona de Spaccanapoli.

L a parte más vieja de Nápoles, donde todavía es posible reconocer el trazado de *Neapolis,* la antigua ciudad griega, está dividida en tres calles principales –llamadas *plateiai* por los griegos y *decumanus* por los romanos–: el *decumanus superior,* formado por Via dei Santissimi Apostoli y Via Anticagia; el *decumanus maior* o Via dei Tribunali y el *decumanus inferior,* conocido como Spaccanapoli. Lo que en la época de la ciudad griega era la arteria principal

es en la actualidad un original paseo formado por varias calles. En el tramo que va de la Via Benedetto Croce a San Biagio dei Librai se concentran gran cantidad de edificios destacados, casas señoriales, palacetes, todos con su gran patio interior y algunas de las iglesias más interesantes de la ciudad; por ello, recorrer la calle exige más tiempo del previsto.

El acceso a la ciudad en época grecorromana era la **Piazza del Gesù Nuovo** (▶42), donde se halla la iglesia del mismo nombre; más adelante, se encuentra la iglesia y el maravilloso **claustro de Santa Chiara** (▶48). A un lado de la Via Benedetto Croce, la entretenida y alegre **Piazza de San Domenico Maggiore** vigilada por ese magnífico templo gótico (▶44) y por la fachada de un *palazzo* renacentista. Todos son testimonio de lo que ha sido y lo que ha quedado a lo largo de miles de años de historia.

▮ Más allá de Spaccanapoli

Saliendo a un lado y a otro de Spaccanapoli se encuentran otros sitios de interés, como la exótica **Piazza Bellini** al lado de la antigua muralla, o la **Via dei Tribunali** con la sorprendente iglesia de **San Lorenzo Maggiore;** la **calle de San Gregorio Armeno,** donde están las tiendas y talleres en los que los artesanos venden y pintan figuritas para los belenes; las viejas tabernas o los historiados altares en la calle.

Teatro San Carlo

Es el escenario de ópera más bello y más antiguo de Europa; sustituyó al San Bartolomeo, ya que este no respondía a las pretensiones musicales y sociales de la corte napolitana.

3

Fue levantado en tan solo ocho meses según un proyecto de Giovanni Medrano en 1737, encargado por Carlos III de Borbón, e inaugurado el 4 de noviembre de ese año con una obra del poeta y dramaturgo Metastasio dirigida por Domenico Sarro, *Achille in Sciro*. La arquitectura, los decorados dorados y la tapicería azul, los colores de la casa de los Borbones, proporcionaban distinción a este lugar.

En 1816, después de ser destruido por las llamas, Fernando I pidió a Antonio Niccolini que lo reconstruyera; también lo hizo en muy poco tiem-

Info

- 41C3
- Vía San Carlo 98/F
- 081 797 2331
- Todos los días de 10 h a 18 h
- C24, E6, R2 Funicular central, parada Augusteo
- Sí
- www.teatrosancarlo.it

◄ Interior del teatro San Carlo.

po, en menos de un año. Mantuvo la planta original pero renovó el exterior añadiendo el soportal con cinco arcos y decoró la cornisa con bajorrelieves de estilo clásico; también hizo mucho más amplio el escenario. La decoración de la sala había quedado destruida en el incendio y encargaron su renovación a Camillo Guerra y Gennnaro Maldarelli, que añadieron los elementos de inspiración clásica en oro sobre fondo blanco y el reloj en el arco del proscenio.

En 1844 se volvió a decorar y en esta nueva intervención se añadió lo que hoy caracteriza el interior del teatro: los colores rojo y oro. Desde entonces, no se hicieron cambios importantes hasta que, debido a los daños ocasionados por los bombardeos sufridos durante la Segunda Guerra Mundial, tuvo que ser restaurado y esta vez, también en pocos meses.

▌La escuela napolitana

El San Carlo convirtió la ciudad en capital musical europea con la prestigiosa Escuela Napolitana, que además de la ópera bufa, también hacía ópera seria. En su época de mayor esplendor, en el siglo XIX, el administrador del teatro contrató a Rossini, Donizetti y Verdi para dirigir el teatro y actuar aquí era el deseo primordial de muchos directores extranjeros.

Duomo de Nápoles

4

Las tres puertas de su poca agraciada fachada son del siglo xv y el resto es una reconstrucción del siglo xx sobre otra del xix. Es preciso entrar para poder apreciar el esplendor gótico de esta iglesia y ver cómo adoran los napolitanos a San Gennaro, su santo patrón.

Info

- 🕐 41B3
- ✉️ Via Duomo 149
- ☎️ 081 44 90 97
- 🏛️ **Museo del Tesoro de San Gennaro:** 9 h a 18 h (la taquilla cierra a las 17 h); (la catedral tiene un horario más amplio)
- 🎫 12 €
- 🚇 Dante y Museo
- 🚌 R2
- 🌐 https://tesorosangennaro.it/

Se construyó en el siglo xiii sobre un terreno en el que antes se habían levantado templos paganos y más tarde oratorios e iglesias, entre ellas las de Santa Restituta y la de Santa Estefanía, esta última destruida en un incendio provocado por un cirio. En la larga nave central en forma de cruz latina se puede ver el bonito techo artesonado y, entre las ventanas que coronan los arcos, las pinturas realizadas por Luca Giordano y su escuela.

Una de las capillas situadas a la derecha, la tercera, es la **capilla de San Gennaro,** el lugar más venerado de la ciudad y el más preciado del arte napolitano, tanto que se la conoce como **Cappella del Tesoro;** además de unas cincuenta estatuas en bronce y plata de los santos que tenían alguna relación con el patrón de la ciudad, hay un busto de San Gennaro que contiene los huesos del cráneo y que fue realizado en plata por tres artesanos plateros franceses. La capilla tiene una gran puerta de bronce dorada y unos frescos de Domenichino que representan los episodios milagrosos de la vida de San Gennaro; también aquí hay un cuadro de Ribera en el que el santo sale intacto del fuego de un horno.

El **Museo del Tesoro de San Gennaro** alberga una muestra de piezas de las distintas categorías de objetos que constituyen el patrimonio completo del tesoro.

Situada bajo el ábside y dividida en tres naves separadas por columnas de mármol, se construyó la **capilla Carafa** o **Succorpo,** también llamada **Confessione di San Gennaro,** para guardar las reliquias de San Gennaro. Y es aquí donde se conservan los huesos del santo en una vasija de barro y otros restos depositados en dos relicarios, además de las dos urnas, una dentro de la otra, que custodian las dos ampollas de cristal con la sangre del santo, que milagrosamente han sobrevivido a varios terremotos. La ceremonia en la que se licúa la sangre se celebra tres veces al año, el sábado anterior al primer domingo de mayo, el 19 de septiembre y el 16 de diciembre.

La **capilla de Santa Restituta** era la iglesia del siglo iv, construida antes que la basílica de Santa Es-

▲ Frescos del Juicio Final de la cúpula del Duomo.

tefanía, la cual se edificó paralela a la anterior pero que acabaron unidas gracias a la construcción de un atrio común. Es un ejemplo de edificación paleocristiana que sigue en pie a pesar del terremoto del siglo XVII, después del cual se restauró y se conservó la estructura original y dos columnas antiguas que todavía se pueden ver. Desde esta capilla se accede al baptisterio, donde se pueden admirar unos valiosos mosaicos del siglo V.

Otras **capillas** en las que merece la pena detenerse son la de **Sant'Asprano** o **Tocco,** con decoración gótica, se puede ver el bajorrelieve de la Madonna, las tumbas de miembros de la familia Tocco y frescos de los siglos XIV y XV; y la **capilla Minutolo,** una de las pocas obras del gótico napolitano que todavía sobreviven y en la que destacan los mosaicos del suelo. Desde la nave izquierda se baja al área arqueológica donde hay restos de la época grecorromana y paleocristiana.

Palazzo Reale

5

Este impresionante edificio se levanta en la céntrica Piazza del Plebiscito, una de las zonas privilegiadas de Nápoles. Un imprescindible que debe ser visitado por su grandeza y por el gran valor artístico de su arquitectura y decoración.

Info

- ⏱ 41C3
- ✉ Piazza del Plebiscito 1
- ☎ 081 400 547
- 🕐 De 9 h a 20 h; última entrada a las 19 h; cierra los miércoles
- 🚌 R1, R3, C4
- 💶 15 €. Gratuito a menores de 18 años.
- 🌐 https://palazzoreale dinapoli.org/

El virrey español y conde de Lemos, Fernando Ruiz de Castro, financió y encargó el proyecto a Domenico Fontana con el fin de ofrecer una residencia digna al nuevo rey Felipe III de Habsburgo, que pensaba visitar la ciudad. Y aunque nunca llegó a hacerlo, Nápoles tiene desde entonces una residencia real. El palacio que vemos hoy presenta el aspecto que ha resultado de numerosas reestructuraciones y ampliaciones realizadas a lo largo de los siglos, después de las cuales solo el patio ha mantenido su aspecto original.

Cuando llegó el rey Carlos en 1734, el palacio se encontraba en pésimas condiciones y fue quien se dedicó a restaurarlo y embellecerlo llamando a artistas destacados de la época. Con Fernando IV, en 1759, se edificó el ala de Festejos, bajo la dirección de Ferdinando Fuga. En el siglo XIX estuvo habitado por Carolina Bonaparte y Joaquín Murat; en 1837, después de sufrir un grave incendio, se encargó la reforma a Gaetano Genovese, quien realizó la fachada del Belvedere que mira al mar y añadió varios elementos neoclásicos. Fue muy dañado por los bombardeos de 1943.

▼ En el centro, fachada meridional del Palazzo Reale. A los lados, estatuas de reyes napolitanos: Carlos I de Anjou y Carlos V de Habsburgo (derecha).

En su larguísima fachada meridional, destaca el pequeño campanario central con el reloj debajo y las ventanas alineadas en los dos pisos; el pórtico original fue modificado por motivos de estabilidad del edificio y se añadieron los nichos en los que se colocaron las imponentes estatuas de personalidades como Alfonso I de Aragón, Carlos V y Vittorio Emanuele II.

En el interior se pueden ver tres **patios** y desde uno de ellos, llamado **d'Onore**, se llega al magnífico y elegante *scalone* del mismo nombre, construido en mármol blanco y rosa y desde el cual se accede al **Museo dell'Appartamento Storico**. Aquí, junto con otras estancias, el pequeño *teatrino* de Corte, el salón principal y la sala del trono componen un auténtico museo con cuadros de los siglos XVII y XVIII además de otros detalles como muebles, porcelanas y demás objetos decorativos que constituyen un valioso documento sobre las costumbres y la vida de la corte. El altar mayor de la **capilla** es obra de Dionisio Lazzari; aquí se expone el famoso y valioso **belén** del Banco di Napoli.

▲ Estatua ecuestre de Carlos de Borbón, frente al palacio.

El palacio alberga la **Biblioteca Nazionale Vittorio Emanuele,** una gran muestra que comenzó con la colección que Carlos de Borbón heredó de Isabel de Farnesio y mandó trasladar a Nápoles en 1734. Con más de dos millones de volúmenes, conserva obras de Torquato Tasso, Leopardi, miniaturas e incunables y está considerada como una de las más valiosas de Italia.

Castel Nuovo

6

El *Maschio Angioino,* la impresionante fortaleza situada entre Santa Lucía y la estación marítima, sobresale en el mar constituyendo uno de los puntos de referencia de la historia de la ciudad.

Info

- 41C3
- Via Vittorio Emanuele III
- 081 79577 22
- **Museo:** 8.30 h a 18.30 h (cierre de taquillas a las 17.30 h); cierra el domingo
- 6 €
- SÍ
- C25, R2, 202
- www.comune.napoli.it

A lo largo de su planta trapezoidal, sobre una gran base, se levantan los muros almenados que están reforzados por las poderosas y fuertes torres circulares, también terminadas en almenas. En la segunda mitad del siglo XIII, Carlos I de Anjou (d'Angiò) mandó a Pietro de Caulis que construyera esta fortificación y dos siglos después Alfonso de Aragón encargó las obras de reestructuración a maestros de la escuela toscana y catalana que dejaron importantes ejemplos de esta corriente arquitectónica; una de ellas es el **Arco del Triunfo,** situado entre la torre del medio y la torre de guardia, elemento que constituye una buena muestra de la convivencia entre el arte escultórico de la época y de las caracerísticas del tradicional arco romano en el que se inspira. El arco presenta una elaborada estructura con dos columnas a cada lado y el interior decorado con relieves que representan escenas de Alfonso de Aragón; encima de este hay otro arco coronado por una estatua del arcángel san Gabriel. Entre los huéspedes más sobresalientes del castillo mientras fue residencia de la corte están Petrarca, Boccaccio y Giotto. Fue sometido a varias reformas en los siglos posteriores, pero fue en el siglo XX cuando se realizó la que restableció su aspecto original.

▼ Castel Nuovo.

Paestum

Si todavía hoy podemos disfrutar de sus famosos y bien conservados templos dóricos, debemos agradecérselo a los viajeros del siglo XVIII, pues hasta aquí les llevaba el Grand Tour. Fueron ellos quienes se empeñaron en la recuperación y conservación de estos tres templos, que, junto con Pompeya, constituyen uno de los sitios arqueológicos más importantes de Italia.

7

Poseidonia fue el nombre original con el que se denominó a este lugar situado al sur de la costa de Salerno, a orillas del río Sele, que en el siglo VII a.C. llegó a ser una de las principales ciudades del Mediterráneo, con una intensa actividad comercial. Depués de ser dominada por varios pueblos, en el año 400 a.C. recibió el nombre de Paestum y en el 273 a.C. se convirtió en colonia romana; fue entonces cuando los romanos modificaron el aspecto de la ciudad transformando el ágora griega en foro con sus edificios públicos, templos, termas y anfiteatro de los que todavía se pueden apreciar algunos restos. Su importancia decaía al mismo tiempo que el imperio romano y muchos en la Edad Media quedaron deshabitados cuando sus habitantes huyeron de los ataques de los sarracenos y de la malaria.

Los 5 km de murallas que rodean el espacio arqueológico hace que sea uno de los recintos fortificados mejor conservados.

Los tres maravillosos templos dóricos eran lugares de culto religioso para los griegos, pero a la vez se consideraban obras arquitectónicas que mostraban sabiduría y eran símbolos del prestigio de la ciudad.

La llamada **Basílica**, del año 550 a.C., es el templo más antiguo y está dedicado a la diosa Hera; un siglo más tarde se construyó el **Poseidón,** el templo de Zeus, considerado el más hermoso de los que se conservan de la Magna Grecia, un ejemplo de armonía y belleza; y el último, el de Atenea, conocido como **templo de Ceres.**

En la Via Magna Grecia se halla una agradable sorpresa, el **Museo di Paestum,** una espléndida muestra de la historia de la región desde la Prehistoria hasta la Antigüedad, donde se pueden admirar muchas piezas halladas en las tumbas griegas y etruscas de los alrededores. La obra más famosa del museo es *Il tuffatore* (un hombre lanzándose al agua) pintado en la parte interior de la losa que cubría una tumba hallada en una necrópolis de la zona.

Info

✉ Via Magna Grecia 919. Capaccio (a 99 km de Nápoles)
☎ 082 88 11 023
🕐 **Museo y Templos:** 8.30 h a 19.30 h (cierra taquilla a las 18.30 h), cierra el primer y tercer lunes de cada mes a las 13.40 h
🚆 En tren, por la línea Reggio Calabria, parada Paestum
🚌 Desde la Piazza della Concordia de Salerno
💶 Templos y museo: 15 €; primer domingo del mes, gratis
🌐 www.museopaestum.beniculturali.it

▼ Ruinas de Paestum.

Pompeya

8

Desde que fuera sepultada por la erupción del Vesubio en el año 79 d.C., han salido a la luz dos terceras partes de lo que fue la ciudad en el siglo I, innumerables y suficientes riquezas como para convertir Pompeya en el sitio arqueológico más famoso del mundo y considerarlo un inigualable documento histórico de la vida cotidiana de aquella época.

Info

- ✉ Via Villa dei Misteri 2
- 🌐 www.pompeiisites.org
- ☎ 081 857 5347
- 🕐 Diario de 9 h a 19 h; en invierno hasta las 17 h; todo el año, cierra martes
- 💶 22 €
- 🚆 Circumvesiana Nápoles-Sorrento, Nápoles-Poggiomarino y Nápoles-Salerno, parada Pompei
- 🚌 SITA desde Nápoles y Salerno, www.sitasudtrasporti.it
- 🚗 En coche: A3, Autostrada Nápoles-Salerno (salida Pompei ovest). Se tarda entre 30-40 minutos

Los trabajos arqueológicos y las restauraciones continúan y además se han comenzado interesantes proyectos de experimentación en la zona como la elaboración de vino empleando los métodos antiguos.

La visita requiere unas cuantas horas para poder recorrer las calles, imaginar el ambiente y entrar en sus casas. El aire, la luz y el agua eran elementos fundamentales a la hora de construir las viviendas; patios, jardines y fuentes son espacios que se pueden ver en varios edificios. Las escenas con las que decoraban sus paredes son valiosísimas muestras de la pintura romana. Entre las casas, destacan la **Casa del Fauno,** un lujoso palacio con una estatua en el patio: un fauno bailando en la fuente en la que se recogía el agua; la **Casa del Menandro,** la mejor situada dentro de la ciudad, que pertenecía a la familia de Popea, la segunda esposa de Nerón; la **Casa dei Vettii,** que debió de ser la residencia de esclavos convertidos en ricos libertos; la **Casa** degli **Amorini Dorati** tiene un bonito jardín que en otros tiempos había estado decorado con esculturas y relieves de mármol; la **Casa del Poeta Tragico**, de donde procede el famoso mosaico del *¡Cave canem!;* el **Lupanar**, una de las más grandes decorada con frescos con motivos eróticos. Entre todas las casas destaca la **Villa de los Misterios,** cuyos frescos son de los más bellos ejemplos de

▼ Ruinas de la ciudad de Pompeya, a la izquierda, calle empedrada de la ciudad. A la derecha, el atrio de la Asamblea.

pintura pompeyana; tras importantes labores de restauración se pueden visitar todas las salas de la villa, entre las cuales sobresale la del *triclinium*, que da nombre a la villa porque sus paredes están decoradas con unos frescos que representan la iniciación de una mujer joven a un misterioso culto, probablemente dionisiaco; aunque también se han interpretado como ritos del matrimonio.

Del resto de la ciudad destacan el **Foro,** el lugar central de la vida de la ciudad; el **Teatro grande,** con aforo para 5.000 personas y el Teatro pequeño u **Odeón,** donde se organizaban conciertos y lecturas de textos en latín; las **termas:** las *Terme Stabiane* eran las más antiguas, pero también había termas en el Foro y las Suburbanas, abiertas al público en 2002 y situadas cerca de la entrada de Pompeya, llaman la atención por sus frescos con escenas eróticas; el **Anfiteatro,** el más antiguo conservado de época romana, con un aforo de 20.000 espectadores; la **Palestra** y la **Necrópolis.**

▼ Señalización en la fachada indicando que es el Lupanar.

Ravello

9

Situada sobre un promontorio, en una superficie con forma de larga terraza, la ciudad de Ravello, como casi todas las localidades de la costa, tiene su origen en las familias aristocráticas romanas que dejaron sus ciudades durante las invasiones bárbaras y marcharon en busca de algún lugar habitable; tuvieron la suerte de encontrar este paraíso de vegetación apabullante en un lugar escondido de los Monti Lattari, entre los valles del Dragone y de la Reginna.

Info

Ravello Festival
🌐 www.ravellofestival.com

Villa Cimbrone
🌐 www.hotelvilla
cimbrone.com
✉ Via Santa Chiara, 26
☎ 089 857459

Hasta el siglo XI permaneció bajo la influencia de Amalfi, la poderosa y próspera república marinera que disfrutaba de una gran actividad comercial, gracias a la cual fue aumentando la riqueza también en Ravello. Así surgió la nueva clase aristrocrática en esta ciudad que en 1086 fue elegida sede episcopal por el papa Víctor III del que dependía directamente. Pisa, otra poderosa república marinera, arrasó Ravello por haber defendido a Amalfi durante la guerra con la Toscana.

Durante los siglos XIII y XIV se produce un gran crecimiento económico en la ciudad: su núcleo urbano está ya muy poblado y empiezan a surgir palacios, iglesias, talleres y jardines. Ravello crece dentro y fuera de las murallas. Pero más tarde, tras la muerte de Roberto de Anjou, se producen una serie de luchas internas que hacen que los nobles se marchen a Nápoles abandonando la ciudad y dejándola desolada.

▼ Vista de la costa de Amalfi desde Villa Rufolo, en Ravello.

A partir del siglo XVI, los terremotos, las pestes y la pobreza que acarrean la convirtieron en un lugar degradado y poco accesible. El esplendor de la ciudad solo se recuperó en el siglo XIX, cuando los viajeros europeos se sintieron atraídos por su naturaleza y su original y extraña arquitectura. Desde entonces, la ciudad se ha convertido en el lugar elegido por muchos personajes ilustres, que han encontrado aquí la inspiración para expresar su arte o simplemente un lugar en el que vivir tranquilo y retirado, rodeado de verdadero lujo.

Entre los lugares que se pueden visitar en Ravello está el **Duomo,** del siglo XI, dedicado a San Pantaleón. La **Villa Rufolo,** construida en el siglo XIII, con un bello jardín donde todos reconocerán la famosa imagen que se utiliza para promocionar la ciudad. En este lugar extraordinario, se puede disfrutar durante las noches de verano de los conciertos que organizan dentro del programa del **Ravello Festival,** un gran acontecimiento musical que se celebra desde los años cincuenta. **Villa Cimbrone,** una ruina adquirida por el británico Ernest William Beckett a principios del siglo XX y convertida en una de las villas más lujosas, es uno de los alojamientos más deseados y caros; aquí se alojaron Gide, Foster, Wagner y Greta Garbo. Pero sus jardines se pueden visitar por una suma más razonable y disfrutar de una de las vistas más bellas del mundo desde la **Terraza del Infinito** no tiene precio. Sus habitantes están convencidos de que viven en el paraíso y probablemente tengan razón.

▲ Mosaico del Duomo de Ravello.

▼ Arcos de estilo gótico en los jardines de Villa Cimbrone.

Capri

10

Esta prolongación de la Península Sorrentina, donde la naturaleza convive perfectamente con el arte y la cultura y sobre todo con el glamour, es la isla elegida por muchos famosos para descansar y divertirse, un lugar fascinante a pesar de los miles de turistas que la visitan a diario.

Info

✉ Capri: Piazza Umberto 1; telf. 081 837 0686
Marina Grande: Banchina del Porto; telf. 081 837 0634
Anacapri: Via G. Orlandi 59; telf. 081 837 1524

Para disfrutarla en las mejores condiciones la época ideal es la primavera o el inicio del otoño, cuando es posible darse un baño y pasear por sus estrechas calles no tan abarrotadas. El barco llega a la **Marina Grande,** una especie de intercambiador donde los autobuses, los taxis y los barcos no paran de trabajar; desde ahí se puede subir al centro de la isla en autobús o funicular, ambos paran muy cerca de la **Piazzetta,** la encantadora placita desde donde se puede comenzar a conocer la isla: a un lado de la plaza está el **Palazzo del Municipio** y enfrente la **iglesia de San Stefano,** a la que se accede por una pequeña escalera; también destaca su característica **Torre dell'Orologio** que fue el *campanile* de la antigua catedral.

En Capri, todas las caminatas tienen su recompensa: la **Villa Jovis,** la casa del depravado Tiberio, está al final de un maravilloso paseo; a **Punta Tra-**

gara o al **Arco Naturale,** esa obra que la erosión ha excavado en la roca blanca de la isla, se llega después de pasar por refrescantes caminos; por la curiosa **Via Krupp** se baja zigzagueando desde los **Giardini de Augusto** hasta la **Marina Piccola;** la **Certosa di San Martino** tiene un museo que alberga esculturas encontradas en la **Grotta Azzurra.**

Desde algunos miradores de la isla se pueden ver los **Faraglioni,** pero pasar entre ellos en barco, entrar en la gruta y rodear la isla escuchando las explicaciones del *marinaio* es toda una experiencia.

Pero la isla no termina aquí; todavía hay que acercarse a **Anacapri,** porque, aunque menos glamurosa, el espectáculo natural es el mismo y sus reclamos culturales y artísticos están al mismo nivel. La **escalera fenicia,** un paseo con 800 escalones pero con unas vistas espléndidas, va desde la Marina Grande de Capri hasta la **Villa San Michele,** una de las visitas obligadas en Anacapri; era la casa del humanista sueco Axel Munthe, que contó su pasión por este sitio en un libro maravilloso, *Historia de San Michele.* Una de las mayores atracciones en Anacapri es subir en telesilla al **monte Salaro,** desde donde se puede ver el golfo de Nápoles y Salerno.

▼ Farallones, calle en la localidad de Capri y Arco Natural con vistas al mar.

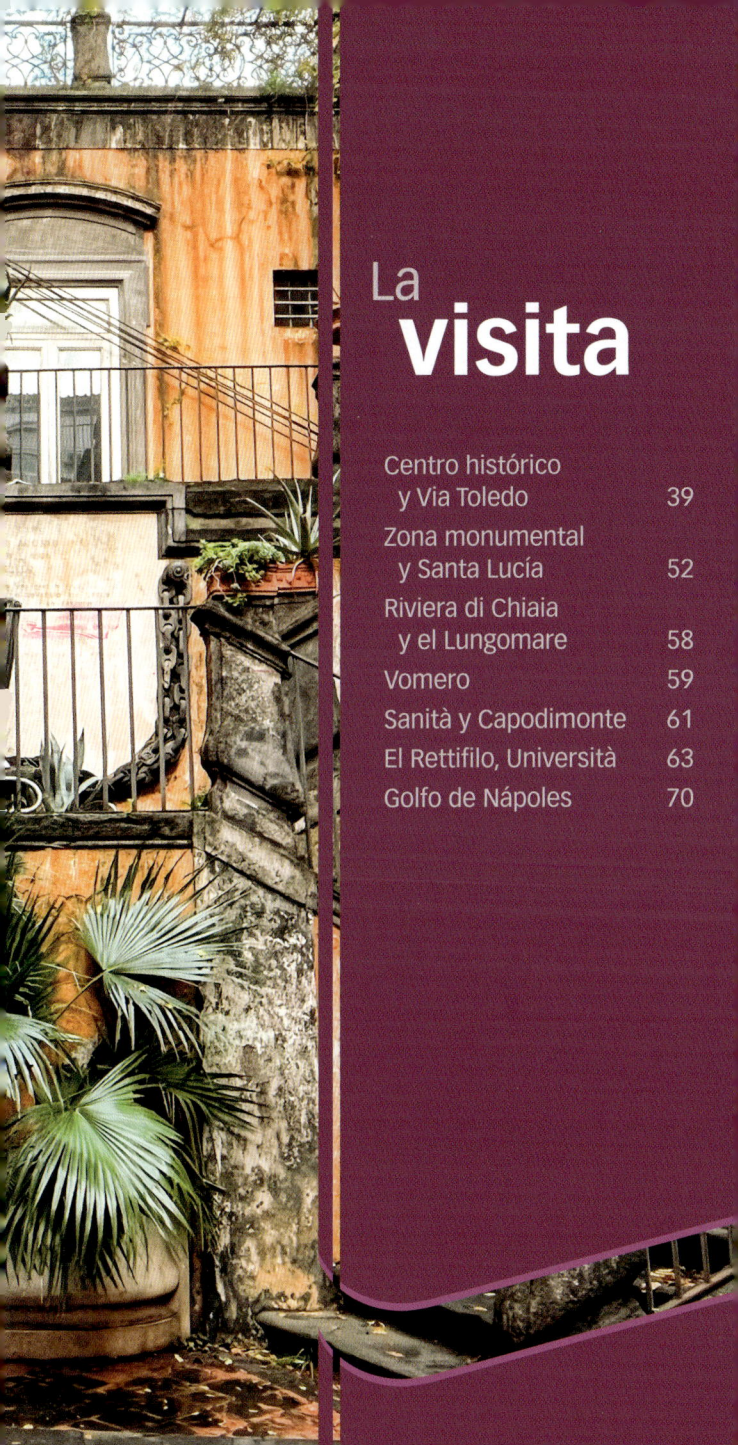

La
visita

La **ciudad** de **Nápoles**

Nápoles nos provoca mil sensaciones difíciles de expresar; pero lo que es seguro es que visitar esta ciudad no deja a nadie indiferente. Pasear por las calles de su parte antigua es como adentrarse en un animado y desconcertante mundo que sorprende con tesoros a la vista y no tan a la vista. Todo ello contrastado de forma increíble con la zona monumental y la elegante Riviera di Chiaia y el Lungomare. Entrar en Nápoles exige despojarse de muchos prejuicios para poder disfrutarla, olerla y escucharla, y así conseguir empaparnos de la cultura de quien tiene tanto que enseñar.

Nápoles

Es la tercera ciudad más grande de Italia y en la actualidad tiene más de tres millones de habitantes. Su centro histórico está plagado de espléndidos palacios, iglesias y originales calles y plazas que lo han convertido en Patrimonio de la Humanidad. Fundada hace 3.000 años en un lugar privilegiado, el bello panorama del Golfo de Nápoles, donde además destacan las maravillosas islas de Procida, Ischia y Capri.

CENTRO HISTÓRICO Y VIA TOLEDO

En la parte más antigua de Nápoles todavía se distingue el trazado original, cuyo núcleo se dividía en tres grandes arterias: el *decumanus inferior,* conocido como **Spaccanapoli** (▶22), la larga vía formada por las calles San Biagio dei Librai y Benedetto Croce; el *decumanus maior* o Via dei Tribunali y el *decumanus superior,* Via dei Santissimi Apostoli y Via Anticagia. Aquí se encuentran los numerosos testimonios que se han conservado a lo largo de miles de siglos de historia. Como capital del reino, los antiguos monarcas de las casas de Anjou y Aragón y los Borbones-Dos Sicilias dejaron cada cual su impronta en edificios tanto civiles como religiosos.

◄ Galleria Umberto I (pág. izquierda) y, al lado, la animada via Chiaia.

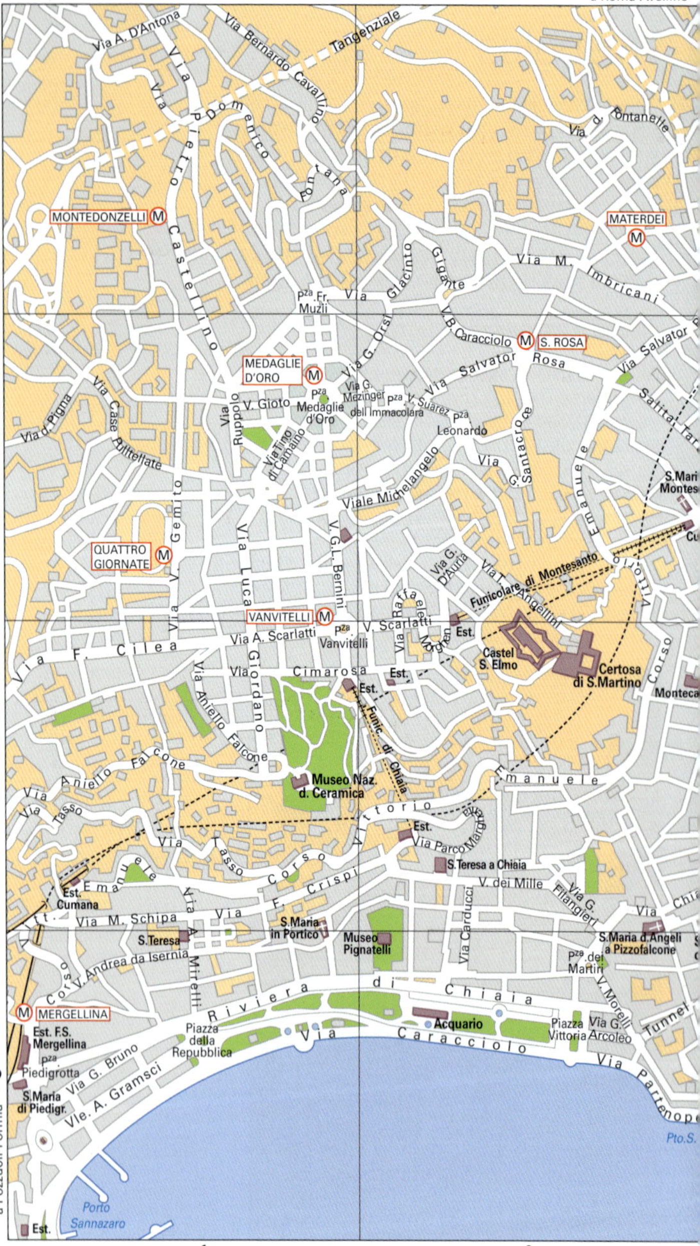

a Roma-Avellino

Via A. D'Antona
Via Bernardo Cavallino
Tangenziale
Via Pietro
Via D. Fontanelle
Via Domenico Fontana
Via P. Castellino

A

MONTEDONZELLI Ⓜ
MATERDEI Ⓜ

a Fórmia

p^za Fr. Muzii
Via Glicinio Gigante
Via M. Imbriani
Via G. Orsi
V.B. Caracciolo
S. ROSA Ⓜ
Via Salvator

MEDAGLIE D'ORO Ⓜ
Via Ruoppolo
V. Gioto
Medaglie d'Oro
Via G. Mazinger
p^za dell'Immacolata
Via G. Suárez
Via Salvator Rosa
p^za Leonardo
Via di Salvator Tar

Via di Pigna
Via Casa Puntellate
Via di Gabriele
Viale Michelangelo
Via G.
Via G. Emanuele

B

Via L. Gemito
Via Lucca
V.G.L. Bernini
Via G. D'Auria
Via Raffa ele Morghen
Via Vittoria
Funicolare di Montesanto
S.Mari Montes

QUATTRO GIORNATE Ⓜ

VANVITELLI Ⓜ
Via A. Scarlatti
p^za Vanvitelli
V. Scarlatti
Est.
Funicolare di Anghera
Castel S.Elmo
Certosa di S.Martino
Corso
Monteca

Via F. Cilea
Via Giordano
Cimarosa
Est.
Est.
Funic. di Chiaia

C

Via Aniello Falcone
Vladuano
Museo Naz. d. Ceramica
Est.
Vittorio
Emanuele
Montec

Via Aniello Falcone
Via Tasso
Via Tasso
Corso Vittorio
Via G. Crispi
Est.
Via Parco Margh
S.Teresa a Chiaia
V. dei Mille
Via Filangieri
Via Chi

Via Emanuele
Est.
Cumana
Via M. Schipa
Via Mirelli
S. Teresa
S. Maria in Portico
Museo Pignatelli
Via Carducci
S.Maria d.Angeli a Pizzofalcone
p^za dei Martiri
V. dei Morelli

Corso V. Andrea da Isernia

MERGELLINA Ⓜ
Riviera
di
Chiaia

Est. F.S. Mergellina
Piazza della Repubblica
Acquario
Piazza Vittoria
Via dei Arcoleo
Tunnel

D

Piedigrotta
Via G. Bruno
Via A. Gramsci
Via
Caracciolo
Via Partenope

a Pozzuoli-Fórmia
S.Maria di Piedigr.

Porto Sannazaro
Est.
Pto.S.

1   **2**

a Cápua · a Tangenziale Aeropuerto Caserta

S.Maria d. Angeli alle Croci
Albergo dei Poveri
Orto Botánico
Est.
S.Antonio Abate
pza L. Poderico
Piazza Nazionale
Corso Garibaldi
Via A. Alfonso de' Liguori
Via Arenaccia
C° Novara
Via Nazionale
Via Pignatelli

S.Maria d.Sanità
C° Amedeo di Savòia
S.Maria della Santa
Via Cristallini
Via S. Teresa d. Scalzi
V.Vergini
S.Maria d.Miraboli
S.Carlo all'Arena
Via Foria
Via Cesare Rosaroli
Via S.Antonio Abate
S.Franc.
Est. Autolinee
Casanova

A

a Benevento-Avellino

Piazza S.Gennaro
Cavour
Piazza
D. Cirillo
Via D. Cirilo
S.Giov. Carbonara
Via Carbonara
pta Capuana
V.P.Poerio
pza Pr. V. Firenze C°
Umberto I
Meridionale

MUSEO
Museo Arqueológico
Museo Naz.
P.za
V.E. Pessina
Teatro grecorromano
Ss.Apostoli
MADRE
Donna-regina
Duomo
Castel Capuano
GARIBALDI
Est. Central F.S.

S.Maria di Constantinop.
Napoli Sotterranea
Girolamini
SS.Annunz.
Piazza Garibaldi
Corso A. Lucci

DANTE
pza Dante
Via S. Maria di Constantinop.
S.Paolo Magg.
S.Lorenzo Magg.
S.Vicario Vecchia
V.P. Colletta
Nolana
Est. S.F.S.M.

a Autopista - Pompeya - Salerno

B

pza Alba
S.Pietro a Majella
S.Gregorio Armeno
Via del Tribunali
Via del Duomo
Corso Umberto I

Gesù Nuovo
S.Domenico Magg.
Capella Sansevero
Via B.Croce
Via S.Biagio d. Librai
Pal. Cuomo
N. Corso Umberto I
pza G. Pepe
Corso Garibaldi

Spinto Santo
pza Gesù Nuovo
S.Chiara
Archivio di Stato
pza N.Amore
pza del Mercato
S.Maria d.Carmine

Pal.Gravina
Università
S.Pietro Martino
Via Nuova
Marina
Via Marinella

pza Carità
Correos y Tel.
S.Maria la Nova
pza G.
Sanfelice Bovio
UNIVERSITÀ
Via C. Colombo
Corso Umberto I
Porto di Massa
Molo C. Pisacane
Molo del Carmine
Molo Cesario Console

Via Medina
Tel.
Via A. Diaz
TOLEDO
Incoronata
MUNICIPIO
Via Acton
Bacino del Piliero

C

Palazzo Giacomo
Palazzo Zevallos
Piazza Municipio
Castel Nuovo
Eliporto
Molo Angioino

Staz.
Tel.
pza Trieste e Trento
Teatro S.Carlo
Palazzo Reale
Molo Beverello
Estación Marítima

Piazza del Plebiscito
Via Amm.
Via S. Lucia
Avamporto Amm. Caracciolo

Via C.Console
Via N. Sauro
Fontana d. Immacolatella
Molo San Vincenzo
Diga Duca d. Abruzzi

D

Castell dell'Ovo

3 · 4

· · · · · · ·
🕐 41B3
🚇 Dante
💾 R2

I PIAZZA DEL GESÙ NUOVO   ★★

Muy cerca de la transitada via Toledo, los que se acerquen a la oficina de información turística, se tropezarán con la famosa **Guglia dell'Immacolata,** un escultural obelisco del siglo XVIII sobre el cual todos los años, el 8 de diciembre, colocan una corona de flores para celebrar el día de la Inmaculada. Aquí también se halla el **Palazzo Pignatelli di Monteleone.** Pero lo que más llama la atención de esta plaza es la iglesia.

· · · · · · ·
🕐 41B3
✉ Piazza del Gesù Nuovo 2
🌐 http://www.gesunuovo.it/
Espanol/Es_chiesaGN.html
🕐 Diario de 8 h a 13 h
y de 16 h a 19.30 h
🚇 Dante
💾 R2

I IGLESIA DEL GESÙ NUOVO   ★★★

Su bella fachada renacentista es uno de los mayores atractivos de este edificio del siglo XV, que en un principio formaba parte del palacio de una familia de Salerno, los Sanseverino. Estos abandonaron la ciudad y más tarde, en el siglo XVI, los jesuitas encargaron a Giuseppe Valeriani la reforma a la que se debe la entrada, los ventanales y la decoración actual. En el interior destaca el altar barroco, los frescos de Luca Giordano, las obras de Ribera y las esculturas de mármol de Fanzago.

· · · · · · ·
🕐 41B3
✉ Piazza S. Gaetano 316
🌐 www.laneapolissotterrata.
it/es/home-esp/
☎ 081 211 0860
🕐 Diario de 9.30 h a 17.30 h
💶 9 €
🚇 Dante
💾 R2

I IGLESIA DE SAN LORENZO MAGGIORE   ★★★

Esta iglesia está considerada como uno de los edificios más interesantes de la ciudad. Se construyó en tiempos de los reyes angevinos sobre una basílica romana en los siglos XII-XIV y todavía se puede apreciar la época en la puerta gótica de la portada. La **fachada** barroca es del siglo XVIII, obra de Ferdinando Sanfelice, cuyo aspecto actual es el resultado de varias restauraciones y algunos añadidos realizados sobre la iglesia original.

La torre cuadrada del **campanario** del siglo XV, situado en un lugar estratégico de la ciudad, ha sido escenario de muchos acontecimientos históricos.

Las **capillas laterales** de la única nave de la iglesia le dan un aspecto gótico impresionante. Lo más destacable y donde se aprecia la huella del estilo francés es su **ábside** gótico con el deambulatorio rodeado de estrechas y pequeñas capillas.

Cuenta la historia que Boccaccio encontró aquí a Fiammetta y que Petrarca se alojó en el convento de al lado.

· · · · · · ·
🕐 41B3
✉ Piazza Bellini
🚇 Dante y Museo

I MURALLA GRIEGA   ★★

Situada en la Piazza Bellini, forma parte de los restos que confirman el origen griego de la ciudad. Aunque es difícil de creer, hubo un tiempo en que esta zona, hoy tan transitada, fue el límite de la ciudad. A pesar de que el origen de algunos tramos es bastante

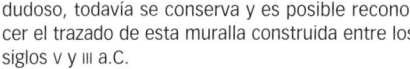

◀ Piazza del Gesù Nuovo con la Guglia dell'Immacolata y, arriba, portada del Gesù Nuovo.

dudoso, todavía se conserva y es posible reconocer el trazado de esta muralla construida entre los siglos V y III a.C.

▌ GIROLAMINI   ★★

Más conocidos como Philippini, estos religiosos pertenecen a la orden de San Felipe Neri. Construyeron la iglesia a finales del siglo XVI dedicada a la Natividad de María y todos los Santos. El arquitecto fue Antonio Dosio y la realizó siguiendo las formas del clasicismo toscano; la terminaría Dionisio di Bartolomeo. La fachada está adornada con las estatuas de San Pedro y San Pablo. En el interior se pueden ver unos bonitos frescos de Luca Giordano y obras de Guido Reni. Merece la pena visitar los claustros y la **Quadreria** o **Pinacoteca,** que posee una extraordinaria colección de pintura, así como la **Biblioteca,** que entre sus piezas más valiosas alberga códices miniados de la *Divina Comedia* de Dante, *Teseida* de Boccaccio, las *Tragedias* de Séneca y la *Cosmografía* de Tolomeo.

41B3
Via Duomo 142 y Piazza Gerolomini
Dante
R2

▌ PORT'ALBA   ★★★

Casi al lado de la Piazza Dante se halla esta puerta conocida hace tiempo con el nombre de **Sciuscella** y que era uno de los accesos a la ciudad. Fue construida en 1625 por encargo del duque de Alba. La parte de arriba está adornada con una estatua de San Gaetano. Alrededor de la puerta hay restaurantes, tiendas y puestos de libros usados.

41B3
Dante y Cavour
R2

⏱ 41B3
✉ Via San Pietro a Majella 35
🚇 Dante
🚌 R2

CONSERVATORIO

En una pequeña plazoleta situada entre la Piazza Bellini y la Via dei Tribunali, el Conservatorio, uno de los más prestigiosos del país, ocupa desde hace dos siglos, parte de lo que fue el monasterio de San Pietro a Majella. Cruzando los dos claustros del antiguo monasterio se llega al **museo,** que contiene una magnífica colección de instrumentos musicales antiguos y expone retratos de personajes famosos que pasaron por el Conservatorio.

DUOMO (▶24)   ✴✴✴

⏱ 41B3
🚇 Dante
🚌 R2

▲ Restos de la muralla griega en Piazza Bellini.

PIAZZA BELLINI   ✴✴✴

Aquí puede comenzar o finalizar la visita al casco antiguo de Nápoles. Es un lugar encantador y uno de los puntos de encuentro más apreciados por los visitantes que paran a descansar y disfrutar del ambiente en la exótica terraza con palmeras del bonito **café Intra Moenia,** en el centro de la plaza.

Entre la calle Costantinopoli y las mesas del café se encuentra la gran fosa que alberga los **restos de la muralla griega** de la antigua Nápoles; al otro lado está el **monumento a Vincenzo Bellini.**

⏱ 41B3
✉ Piazza San Domenico Maggiore, 8A

MONASTERIO DE SAN DOMENICO MAGGIORE (MUSEO DOMA)   ✴✴✴

Situada en la plaza del mismo nombre, la escalera y el ábside poligonal comparten espacio con edificios como el **Palazzo Carafa della Spina** o el **Petrucci.** La iglesia gótica original se construyó en el siglo XIII, pero lo que vemos hoy es el resultado de varias reformas incluida la que en el siglo XVII la convirtió en iglesia barroca y la del XIX, cuando se trató de recuperar su estilo original. En su interior se pueden apreciar los restos de la iglesia románica. Fue el primer núcleo medieval del siglo X que se convirtió en la casa principal de los dominicos y la iglesia más querida de la nobleza.

Entre las obras que alberga el **museo** está el *Salvator Mundi* de la escuela de Leonardo da Vinci; son muy interesantes también la sala de los adornos sacros, una colección de vestimentas del siglo XVI y la celda de santo Tomás de Aquino.

I IGLESIA DE SAN PIETRO A MAJELLA ✳

Se comenzó a construir en el siglo XIII para honrar al papa Pietro da Morrone y su remodelación más reciente es de principios del siglo XX. De la iglesia original queda el campanario. El interior está dividido en tres naves separadas por arcos a lo largo de las cuales se hallan dispuestas las capillas.

I IGLESIA DE SAN GREGORIO ARMENO ✳✳

El convento del que formaba parte esta grandiosa iglesia barroca es del siglo VIII y la creación de la iglesia, de finales del siglo XVI. Destaca el techo con casetones de madera pintado por Teodoro d'Errico; y en la pared de la entrada los tres cuadros de **Luca Giordano** con escenas de la historia del convento. Desde el claustro de la iglesia se puede disfrutar de unas maravillosas vistas.

I VIA DE SAN GREGORIO ARMENO ✳✳✳

En Nápoles, la ciudad de los belenes, no puede faltar una calle como esta: un mercado de figuritas en el que se puede encontrar cualquier objeto para completar el belén durante todo el año, no solo en Navidad; también venden figuras con las caras de los personajes famosos del año, altares, etc. Es interesante entrar en algunas de las tiendas en las que los artesanos pintan a mano cada pieza con una paciencia infinita.

I CAPPELLA SANSEVERO ✳✳✳

Detrás de la Piazza San Domenico Maggiore, algo misteriosa y sorprendente, fue construida como capilla privada por la familia Sangro, a finales del siglo XVI y convertida en mausoleo por el príncipe Sansevero. Raimundo de Sangro, personaje del siglo XVIII, polifacético y masón, la reformó y la dejó como la vemos hoy. La iglesia es conocida por su famosa escultura del *Cristo velado,* pero otras, como *Il Disinganno* (El

---

Museo Doma
- ✉ Piazza San Domenico Maggiore, 8A
- ☎ 333 863 89 97
- 🕐 De lunes a viernes, de 10 h a 13.30 h y de 14.30 h a 18 h; sábado y domingo, de 10 a 18 h; último acceso a las 17.30 h
- 🚇 Museo
- 🚌 R2
- 🌐 https://domasandomenico maggiore.it/

• • • • • • • • •
- 🕐 41B3
- ✉ Piazza Luigi Miraglia 392
- ☎ 081 564 4411
- 🚇 Dante
- 🚌 R2

• • • • • • • • •
- 🕐 41B3
- ✉ Via San Gregorio Armeno 24
- ☎ 081 552 0186
- 🚇 Dante

• • • • • • • • •
- 🕐 41B3
- 🚇 Dante

• • • • • • • • •
- 🕐 41B3
- ✉ Via Francesco de Sanctis 19
- ☎ 081 552 4936
- 🌐 www.museosansevero.it
- 🕐 De 9 h a 19 h; último acceso a las 18.30; cierra martes
- 🎟 10 €; audioguía 3,50 €
- 🚇 Dante y Montesanto
- 🚌 R2

Napoli Sotterranea

Punto de inicio
Piazza San Gaetano 69
🚇 41B3

Punto de llegada
Vico Cinquesanti
🚇 41B3
🌐 www.napoli
sotterranea.org
☎ 081 296 944
🕐 De lunes a domingos
de 10 h a 18 h; jueves
también a las 21 h. Visita
guiada
🚇 L1 (Dante)
🚌 R2

Más información
La *Associazione Laes* también organiza visitas que
recorren las profundidades
de la ciudad (Piazza Trieste
e Trento; www.lanapolisotte-
rranea.it; telf. 081 400 256)
se puede pedir cita previa
en el Café Gambrinus; de
lunes a viernes a las 10,
12 y 16.30 h, los sábados
a las 10, 12, 16.30 y 18 h,
domingos y festivos a las 10,
11, 12, 16.30 y 18 h. Parada
Augusteo del funicular; autobuses C24, E6, R2.

▌ Nápoles ofrece la posibilidad de realizar largos
paseos por su superficie, pero también nos permite
visitar sus profundidades.

Como si de un viaje al pasado se tratase, este
interesante recorrido guiado nos lleva a través
de galerías subterráneas por el mundo interior
de la ciudad.

▌ En los años sesenta se comenzó a explorar la
parte subterránea de Nápoles con el fin de conocer
y valorar la seguridad de la ciudad, ya que se sabía
que una parte estaba construida sobre el vacío.

Desde los años ochenta se organizan paseos
en algunos puntos de la ciudad con interés histórico; así nació **Napoli Soterranea,** en cuyo
recorrido se puede ver un curioso sistema de
túneles, cisternas y otros espacios.

▌ Cuando finaliza este paseo subterráneo, una vez
en la calle, espera una magnífica sorpresa: un teatro
grecorromano, el **Teatro de Nerón**, con capacidad
para 6.000 espectadores, escondido en los bajos de
una casa situada en el Vico Cinquesanti.

Tenía capacidad para 6.000 espectadores y aquí
Nerón entonaba las canciones compuestas por él
ante un público comprado a cambio de aplausos.

▌ Lo más curioso y divertido de esta parte de la
visita a la ciudad subterránea es la entrada, pues
se halla en la que fuera una vivienda particular; en
el suelo, hay una trampilla por la que se accede a
las escaleras que llevan al teatro.

desengaño) o *La Pudicizia* son también impresionantes. Merece la pena detenerse también en el fresco
del techo titulado la *Gloria del Paradiso*. En la **cripta**
de la iglesia se pueden ver unas máquinas anatómi-
cas que dan un carácter surrealista a la visita.

▌ **IGLESIA DE SANT'ANGELO A NILO**   ******
Esta iglesia, situada en la Piazzeta Nilo, también es
conocida como la **cappella Brancaccio,** el nombre
de su fundador Rinaldo Brancaccio, y cuya tumba
en mármol se encuentra en una capilla situada a la
derecha del altar, hecha en Pisa con la intervención
de Donatello.

🕐 41B3
🚇 Piazzetta Nilo 23
🕐 De 9 h a 13 h y de 16.30 h
a 19 h, los festivos de 9 h a
13 h
🚇 Dante
🚌 R2

I PIAZZETTA NILO ✱✱✱

Esta placita recibe el nombre del bello monumento llamado *Nilo,* una estatua griega de un hombre con una cornucopia en la mano que apoya su pie en la cabeza de un cocodrilo. Hace dos mil años, los comerciantes, esclavos y viajeros que llegaban de Egipto, se establecieron en esta zona y el asentamiento se llamaba "colonia del Nilo". Este es un testimonio más de los orígenes de la ciudad.

⏱ 41B3
🚇 Dante
🚌 R2

I BASILICA DI SAN PAOLO MAGGIORE ✱✱✱

La fachada de esta iglesia comprende el pórtico de un templo romano. En el interior destaca un ciclo de **frescos** de Solimena de finales del siglo XVII y una capilla que está incluida en el grupo de obras importantes del barroco napolitano, la **cappella Firrao.**

⏱ 41B3
✉ Piazza San Gaetano 69
☎ 392 494 0512
🕐 De lunes a sábados, de 9 h a 17.30 h, domingos de 9.30 h a 13.30 h
🚌 R2

I PIAZZA SAN GAETANO ✱✱

Esta animada plaza fue durante mucho tiempo el popular centro de la vida en la ciudad; aquí se desplegaban los puestos de un célebre mercado desde la antigüedad hasta el siglo XIII. A un lado y a otro de la plaza están las **iglesias de San Paolo** y **San Lorenzo.** También este es el punto de partida de una interesante visita: **Napoli Sotterranea** (▶46).

⏱ 41B3

I IGLESIA DE SANTA MARIA DELLE ANIME DEL PURGATORIO AD ARCO ✱✱

Construida en el año 1616, es fácilmente reconocible por las tres cabezas de bronce conocidas como *cap'e morte* (cabezas muertas), que por estar fuera de la iglesia sorprenden a quien pase por delante; es una muestra más del entusiasmo que sienten los habitantes de esta ciudad por los muertos.

⏱ 41B3
✉ Via Tribunali 39
💻 www.purgatorioadarco.it
🕐 De 10 h a 14 h; último acceso a las 13 h. Domingo cerrado
💶 7 €
🚇 Cavour y Dante

I SANTA MARIA DONNAREGINA- MUSEO DIOCESANO DE NÁPOLES ✱✱

Reúne en un solo edificio dos iglesias: la **chiesa vecchia,** en la que destaca el fresco del siglo XIV más grande conservado en Nápoles, situado en el coro; y la **chiesa nueva** (del siglo XVIII), que comprende el coro de la anterior.

⏱ 41A3
📍 Largo Donnaregina
🕐 De lunes a sábados de 9.30 h a 16.30 h, domingos hasta las 14 h, último acceso tres cuartos de hora antes, martes cerrado
💶 10 €

I PIO MONTE DELLA MISERICORDIA ✱✱✱

Esta entidad benéfica fue fundada en 1601 por un grupo de jóvenes nobles napolitanos. El palacio es obra del arquitecto Francesco Antonio Picchiatti y alberga la bellísima iglesia barroca en la que se pueden admirar los lienzos *Obras de la Misericordia* de Caravaggio y la *Liberación de San Pedro,* de Battistello Caracciolo. La **Quadreria** se halla en el

⏱ 41B3
✉ Via dei Tribunali 253
💻 www.piomontedella misericordia.it
🕐 De lunes a sábado de 10 h a 18 h, domingo de 9 h a 14.30 h, último acceso media hora antes
💶 10 €

La bella simplicidad de Santa Chiara

Convento de Santa Chiara

- 🗺 41B3
- ✉ Via Santa Chiara 49/c
- 💻 www.monasterodisanta chiara.it
- ☎ 081 060 6976
- 🕐 De lunes a sábado, de 9.30 h a 17 h; domingo de 10 h a 14 h
- 💶 7 €
- ♿ Sí
- 🚇 Dante y Montesanto

▌El rey Roberto de Anjou mandó edificar este convento animado por su segunda esposa; así pudo satisfacer la gran vocación religiosa que había sentido de joven este hombre que pensaba que los bienes de la iglesia debían ser únicamente para los pobres.

El resultado fue el convento más apreciado de Nápoles: su fachada es muy sencilla, en el campanario todavía quedan restos del original en la parte más baja y el resto fue restaurado en el siglo XVII.

▌El edificio fue bombardeado en la Segunda Guerra Mundial; su interior fue reconstruido y, al igual que las iglesias franciscanas, presenta un espacio único rodeado de capillas en las que se colocaron las obras de arte de los siglos XIV y XV que pudieron recuperarse.

Lo más destacado de la iglesia es el **presbiterio**, con las sepulturas de su mecenas y de algunos de sus familiares, un sarcófago griego del siglo IV a.C. y la **sacristía,** decorada con unos bonitos frescos.

▌Desde aquí se pasa al **coro delle Monache** (coro de las monjas), uno de los mejores ejemplos del gótico napolitano y cuyas paredes mostraron hace tiempo uno de los extraordinarios ciclos de frescos de Giotto, pero desaparecieron en los bombardeos.

El **claustro de las Clarisas** es el reclamo del convento, un jardín decorado con azulejos de maiólica, un atractivo trabajo de Giuseppe y Donato Massa; el proyecto del jardín es del siglo XIV pero se reformó en el XVIII.

▼ Claustro del convento de Santa Chiara.

▌Desde el claustro se puede acceder al **Museo dell'Opera di Santa Chiara.** No hay que olvidarse de visitar la zona arqueológica que alberga el principal edificio termal de la ciudad de los siglos I-II.

primer piso y contiene pinturas de artistas italianos y extranjeros de los siglos XVI-XIX. El palacio, la iglesia y la colección de pintura, una de las más importantes de las colecciones privadas, constituyen un gran complejo histórico que ha desarrollado una interesante labor cultural.

I IGLESIA DE SAN GIOVANNI A CARBONARA ✱

Fundada por los agustinos en 1343, es conocida sobre todo por sus **escaleras,** construidas por Sanfelice, el arquitecto de principios del siglo XVIII que fue autor de renombrados palacios y conocido por sus escaleras de dudoso gusto. También son destacables la capilla de Santa Mónica, el monumento al rey Ladislao y el suelo de la capilla donde está la tumba de Gianni Caracciolo.

⏱ 41A3
✉ Via Carbonara, 4
🕐 De 9 h a 13 h, domingo cerrado
💶 Gratis

I MUSEO D'ARTE CONTEMPORANEA DONNAREGINA (MADRE) ✱✱

El *MADRE* abrió sus puertas en 2005 como resultado de la reforma del palacio Donnaregina realizada por el arquitecto Alvaro Siza. Es un enorme espacio dividido en tres pisos, dos de los cuales están reservados a la exposición permanente, con obras de Rebecca Horn, Francesco Clemente, Sol LeWitt, Richard Serra y otros. En el último piso, interesantes exposiciones temporales.

⏱ 41A3
✉ Via Settembrini 79
🌐 www.madrenapoli.it
🕐 De 10 h a 19.30 h, domingos de 10 h a 20 h, último acceso una hora antes del cierre, martes cerrado
💶 8 €
♿ Sí
🚇 Museo
🚌 C51 y C52

I VIA TOLEDO ✱✱✱

En la primera mitad del siglo XVI el virrey Pedro de Toledo mandó construir, paralela a la muralla de la antigua ciudad, esta calle que se convirtió en el eje a partir del cual se expandió Nápoles; los aristócratas la eligieron para levantar sus señoriales residencias. Hoy es una de las vías más transitadas de Nápoles y quizá sea la que más contrastes presenta: a un lado la cortan calles y plazas con elegantes edificios como los **palacios Carafa di Maddaloni** y **Zevallos Stigliano,** o el del **Banco di Napoli** y al otro lado podemos admirar las famosas estampas napolitanas, la ropa tendida y los puestos de frutas y verduras en las callejuelas de los **Quartieri Spagnoli.**

⏱ 41B3
🚇 Museo y Dante
🚌 R1, R2 y R4

I IGLESIA DE SANTA ANNA DEI LOMBARDI ✱

El primer nombre de esta iglesia del siglo XV fue Santa Maria di Monteoliveto, pero adoptó el actual cuando en 1799 fue cedida a la Cofradía de los Lombardos. En su interior destacan la **cappella Correale;** el antiguo refectorio que hoy es la **sacristía vecchia,** con un fresco de Vasari; la **cappella Tolosa,** muy similar a la sacristía de San Lorenzo en

⏱ 41B3
✉ Piazza Monteoliveto 4
🕐 De lunes a viernes de 9.30 h a 18.30 h, sábado hasta las 18 h, domingo de 12.30 h a 17.30 h, último acceso media hora antes del cierre
💶 6 €
🚇 Dante
🚌 R1 y R4

Florencia; y especialmente la **cappella Piccolomini,** una copia de una de las capillas de la espléndida iglesia de San Miniato al Monte de Florencia.

I PALAZZO DORIA NAPOLI   ✱

- 41B3
- Piazza VII Settembre 28
- www.palazzodoria napoli.com

Situado en la esquina de la via Toledo y la piazza VII Settembre, fue construido sobre un proyecto de Luigi Vanvitelli y terminado por su hijo Carlo. Además de su **fachada** de mármol blanco y de suntuosa decoración interior, propia de un palacio del siglo XVIII, es conocido su **balcón,** ya que el 7 de septiembre de 1860 Garibaldi proclamó desde ahí la anexión de las Dos Sicilias al Reino de Italia.

I PALAZZO ZEVALLOS STIGLIANO-GALLERIE D'ITALIA   ✱✱✱

- 41C3
- Via Toledo 185
- De 10-19 h, sábados y domingos hasta las 20 h, último acceso una hora antes del cierre, lunes cerrado
- www.palazzozevallos.com
- 7 €; gratis primer domingo de mes
- Toledo y Municipio
- E6 y R2

Este palacio del siglo XVII es en la actualidad la sede de la **Galería de Italia.** Inaugurada en 2007, expone más de 120 obras que permiten recorrer los acontecimientos más destacados de las artes figurativas de la ciudad, desde principios del siglo XVII hasta principios del siglo XX; destaca el último cuadro que pintó Caravaggio titulado *El Martirio de Santa Úrsula* y la colección de esculturas .

I PALAZZO E IGLESIA DE SAN GIACOMO DEGLI SPAGNOLI   ✱✱

- 41C3
- Piazza Municipio 29
- Municipio
- N1, N3 y R2

Este fue el lugar elegido como sede del Ayuntamiento por los Borbones. El edificio era un antiguo hospital construido para acoger a los españoles indigentes; en el interior, en un rellano de la escalera principal se halla una escultura de mármol de la época griega, la cabeza de una mujer conocida con el nombre de *Donna Marianna, 'a capa 'e Napule* (que significa "jefa de Nápoles") y que según cuenta la leyenda representa a la sirena Parténope. Compartiendo fachada con el palacio, la iglesia se construyó en 1540 por encargo de Pedro de Toledo con fondos de la nobleza y de militares españoles.

I PIAZZA DANTE   ✱✱✱

- 41B3
- Dante
- N3 y N8

Luigi Vanvitelli, para rendir honores al rey Carlos de Borbón, que había encargado la reforma de la plaza, construyó el **Foro Carolino,** con 26 estatuas que representan las virtudes del monarca. Este lugar recibe el nombre del gran **monumento a Dante** situado en el centro. Otra fachada que da a esta plaza es la del instituto de los jesuitas, el **Convitto Nazionale Vittorio Emanuele II,** fundado en 1768 en el mismo lugar en que antes se hallaba un convento de la época de Constantino dedicado a San Sebastián.

▶ Calle de san Gregorio Armeno.

ZONA MONUMENTAL Y SANTA LUCIA

Desde que se construyó el Castel Nuovo, a fines del siglo XIII, los poderes político y administrativo se instalaron en el área comprendida entre Piazza del Municipio, Piazza Trieste e Trento y Piazza del Plebiscito. Desde entonces se construyeron otros edificios importantes, cada uno de los cuales recordaba el paso de los distintos gobernantes. Ahora es una zona de bancos y oficinas donde se encuentra el Ayuntamiento de la ciudad, en la Piazza del Municipio.

❙ GRAN CAFFÈ GAMBRINUS ★★★

Constituye uno de los cafés más antiguos de la ciudad que conserva todavía su aspecto original. Fue renovado a finales del siglo XIX con estucos y obras de conocidos pintores napolitanos hasta los años treinta. Era el punto de encuentro de artistas y escritores de la ciudad. Fue aquí donde surgió el movimiento futurista de Nápoles y también el lugar donde D'Annunzio escribió la letra de la canción napolitana *A Vucchella*.

❙ CASTEL NUOVO (▶28) ★★★

❙ CASTEL DELL'OVO ★★★

Situado sobre el antiguo islote de Megaride, el nombre de este castillo se debe, según cuentan, al huevo que Virgilio había escondido en una jaula; el lugar donde se había conservado el huevo se cerró a cal y canto y se consideró secreto, ya que de ese huevo dependían todos los acontecimientos y la suerte del castillo. Los distintos espacios del castillo se utilizan para reuniones de trabajo y convenciones. Actualmente está cerrado por trabajos de reestructuración.

- 🕐 41C3
- ✉ Piazza Trieste e Trento. Via Chiaia 1
- ☎ 081 417 582
- 🕐 De 7 h a 24 h, sábado de 7 h a 1 h
- 🌐 https://grancaffe gambrinus.com

- 🕐 41D3
- ✉ Via Eldorado 3
- ☎ 081 795 6180
- 🌐 www.comune.napoli.it
- 🕐 Actualmente está cerrado por trabajos de reestructuración

▶ Vista panorámica del Castel dell'Ovo.

GALLERIA UMBERTO I ***

Es muy conocida por las películas y anuncios que se han rodado en ella. Situada en la Piazza Trieste e Trento, frente al Teatro San Carlo, esta elegante galería, con su espléndida cubierta de forja y cristal, sus delicados y decorativos estucos y su llamativo suelo de mármol, alberga en su interior cafeterías y comercios. El pasaje formaba parte de un proyecto de modernización de la ciudad que se llevó a cabo con la Unificación de Italia. Los cafés eran frecuentados por músicos y escritores a principios del siglo XX; hoy continúa siendo el punto de encuentro preferido de los napolitanos.

41C3
Via San Carlo 1

BASÍLICA DE S. FRANCESCO DI PAOLA ***

El rey Fernando prometió construir una iglesia si conseguía recuperar su poder en Nápoles después de haber sido expulsado por los franceses. Una vez cumplido su deseo, encargó al arquitecto suizo Pietro Bianchi la construcción de esta basílica en medio de la columnata de estilo neoclásico de la plaza. Se comenzó en 1817 y en 1846 ya había finalizado el proyecto para el cual se le había pedido que se inspirase en el Panteón de Roma. Las estatuas que adornan la iglesia representan a las religiones y a los santos Fernando de Castilla y Francesco di Paola.

41C3
Piazza del Plebiscito
081 1948 4893

IGLESIA DE SANTA BRIGIDA **

La calle del mismo nombre es una de las cuatro entradas a la Galleria Umberto. Aquí se halla esta iglesia levantada en el siglo XVII conocida por albergar la sepultura del famoso pintor Luca Giordano, del que se puede admirar un *San Nicolás* y los **frescos** de la sacristía.

41C3
Via S. Brigida, 68
081 552 3793
www.santabrigida.net

PALAZZO REALE (▶26) ***

De Spaccanapoli a la Nápoles borbónica

Distancia
500 m

Duración
1-2 horas

Punto de inicio
Piazza San Gaetano
41B3

Punto de llegada
Villa Comunale
40D1

▌ Durante el paseo se visita parte de la antigua ciudad griega y romana y nos detendremos en algunos de los lugares más interesantes de Nápoles.

Se comienza en **Piazza San Gaetano,** donde se abre la puerta de acceso a Napoli Soterranea y el teatro donde cantaba Nerón. Aquí también se puede visitar **San Paolo Maggiore.** Es en esta plaza donde comienza la calle San Gregorio Armeno. Merece la pena caminar y detenerse en alguna de las tiendas donde están pintando a mano figuritas de belén.

▌ Una vez en el decumano inferior, seguimos a la derecha por la Via San Biagio dei Librai hasta llegar a la **Piazzetta Nilo** en la que podemos adentrarnos para observar el monumento, el famoso Nilo barbudo.

A pocos metros de aquí se halla una de las iglesias más impresionantes de la ciudad, **San Domenico Maggiore,** en la plaza del mismo nombre. En esta plaza también se puede ver la **Columna de la Peste,** erigida en el año 1656 después de la gran epidemia.

▼ Terrazas frente a la iglesia de san Domenico Maggiore.

La famosa estatua del Nilo barbudo en la Piazzetta Nilo.

▮ Continuamos por la Via Benedetto Croce hasta llegar a la **iglesia de Santa Chiara.** Es importante detenerse en esta iglesia para entrar a pasear y disfrutar en el precioso claustro de las monjas clarisas.

Muy cerca se encuentra la **Piazza del Gesù Nuovo** con su inconfundible fachada. También aquí se puede admirar una gran columna coronada por una Virgen.

▮ Desde la Piazza del Gesù Nuovo caminamos hasta Via Toledo y giramos a la izquierda. Nada más entrar en la Via Toledo podemos ver el elegante **Palazzo Maddaloni** y continuando por la calle abajo dejamos a la izquierda la **Galleria Umberto I** y al lado el **Teatro San Carlo.**

Desde la Piazza Trieste e Trento cruzamos hasta la Via Chiaia para comenzar a adentrarnos en la zona comercial más distinguida de Nápoles. El **Gran Caffè Gambrinus** es una de las paradas obligadas de esta parte de la ciudad. En nuestro camino veremos la escalera que conduce al puente de Chiaia, de 1636.

▮ Más adelante está el **Teatro Politeama,** el **Palazzo Cellamare** y la **iglesia de Santa Caterina;** a su izquierda, en la Piazza dei Martiri podemos observar una **columna** más, esta vez la de los mártires. Por la Via Calabritto se llega hasta la **Piazza Vittoria** con la **iglesia de Santa Maria della Vittoria,** que recuerdan la batalla de Lepanto contra los turcos.

En la esquina de Via Calabrito con Riviera di Chiaia se ve la residencia de Goethe, el **Palazzo Ravaschieri di Satriano.** Siguiendo por esta calle vemos el **Palazzo San Teodoro,** el edificio más espectacular de este barrio. Entre la Via Chaia y el Lungomare, en Piazza Vittoria comienza la **Villa Comunale.**

◎ 41C3

▼ Columnata de la Piazza del Plebiscito y en el centro la iglesia de San Francesco di Paola. Abajo, detalle del león de la balaustrada.

◎ 41C3

◎ 40C2, D1-2

▌ PIAZZA DEL PLEBISCITO ★★★

Esta gran plaza es la más importante y monumental de la ciudad. Con forma semicircular y un pórtico de columnas en medio del cual está integrada la iglesia de San Francesco di Paola frente al Palacio Real, fue proyectada por Leopoldo Laperuta, por encargo de Joaquín Murat. Este espacio antes se llamó Largo di Palazzo. El nombre actual alude al plebiscito de 1860, en el cual se aprobó la anexión de Nápoles al Reino de Italia. En el centro hay **dos estatuas ecuestres** de Antonio Canova que representan a Carlos de Borbón y Fernando I. Aquí se celebra el 31 de diciembre la entrada del Año Nuevo.

▌ PIAZZA GIOVANNI BOVIO ★★

Es el lugar del que parten las calles principales del centro de la ciudad y donde se concentra una gran cantidad de tráfico. El **Palazzo della Borsa** destaca entre los elegantes edificios de la plaza. En él se halla la **capilla de San Aspreno al Porto** del siglo VIII.

Preside el centro de la plaza la **Fontana del Nettuno**. Rodeada por una bonita valla de hierro, esta fuente del siglo XVIII se atribuye a Domenico Fontana. El personaje de Neptuno fue realizado por Michelangelo Naccherino y los monstruos marinos por Piero Bernini. Los leones de la balaustrada son obra de Cosimo Fanzago.

▌ TEATRO SAN CARLO (▶23) ★★★

▌ VIA CHIAIA ★★★

Este refinado barrio nació como una villa situada fuera de las murallas de la ciudad en el siglo XVI. Está dividido en dos avenidas principales: una que recorre la orilla, la **riviera de Chiaia** y otra el interior, la **via**

Chiaia que comienza entre la iglesia de San Francesco di Paola y el café Gambrinus y que actualmente está considerada como una de las zonas comerciales más elegantes de la ciudad. En esta calle hay una escalera que lleva al **Ponte de Chiaia,** construido por los españoles en 1636. Dos siglos después, en 1834, Fernando II encargó una reforma tras la cual acabó encajado en un arco de triunfo adornado con un relieve que representa la *Alegoría de la Gloria.*

I LA NUNZIATELLA ✱✱

Es un palacio y museo ubicado en un edificio que es sede de una academia militar fundada por los

🕐 41D2
✉ Via Nunziatella

Borbones y constituye una joya del barroco. Lleva el nombre *nunziatella* por la iglesia de la Annunziata, construida según un proyecto de Ferdinando Sanfelice en 1737.

I BORGO MARINARO ✱✱✱

Situado al este del Castel dell'Ovo, es una zona con mucho encanto. Fue urbanizada en el siglo XX con viviendas destinadas a alojar a las familias de los marineros y pescadores del barrio de Santa Lucia.

I PALAZZO SERRA DI CASSANO ✱✱

Es una de las grandes obras del arquitecto Ferdinando Sanfelice, que utilizó piedra volcánica y mámol para construir las suntuosas escaleras y su balaustrada. La entrada principal lleva más de dos siglos cerrada, desde 1799, por mandato del príncipe Cassano al morir su hijo Genaro, gobernador de la República Partenopea. El palacio, cuyo interior está decorado con frescos de la época, alberga hoy el Instituto Italiano de Estudios Filosóficos.

¿Sabías que...?

Aunque la última vez que estuvo en erupción fue en 1944, el Vesubio sigue activo. Para evitar otra gran catástrofe, aunque más de medio millón de personas viven a los pies del volcán en casas construidas de forma ilegal, en 1972 una extensa área se declaró Reserva Natural del Tirone Alto y en 1991, una superficie siete veces más grande que la anterior se convirtió en el Parco Nazionale del Vesuvio. La zona volcánica está formada por el monte Somma (1.132 m), que representa la estructura volcánica originaria, y el Vesubio (1.172 m), conocido como el Gran Cono por el diámetro de su cráter de 600 m.

🕐 41D3

🕐 40D2
✉ Via Monte di Dio 14
☎ 081 764 2652
🕐 De 8 a 18 h. Visita con cita previa llamando al teléfono arriba indicado
🖥 www.iisf.it

▲ Fontana dell'Immacolatella o del Gigante, en el Lungomare.

● 40D1-2

Museo Pignatelli
✉ Riviera di Chiaia 200
🕐 De 9.30 h a 17 h, cerrado los martes. La taquilla cierra una hora antes
💶 5 €
🌐 www.beniculturali.it/luogo/museo-diego-aragona-pignatelli-cortes-e-museo-delle-carrozze

¿Sabías que...?

Mergellina es uno de los barrios que se extiende a lo largo del litoral. Muy admirado por artistas, del pasado queda la *Fontana del Leone* en via Sannazaro y el porto Sannazaro, antes puerto de pescadores y ahora un puerto turístico del que salen barcos a las islas. En la Piazza Sannazaro merece la pena detenerse a contemplar la fuente de la sirena con delfines y caballos marinos. Un paseo desde Mergellina hasta el Porto di Santa Lucia y el Borgo Marinaio resulta muy relajante.

LA RIVIERA DI CHIAIA, EL LUNGOMARE

Antes de que se construyera la via Caracciolo, este era el *Lungomare,* donde se puede apreciar la presencia de edificios nobles, como la Villa Pignatelli y la Villa Comunale.

❙ VILLA PIGNATELLI ★★

Es la más espléndida villa neoclásica de Chiaia, construida por la familia Acton a principios del siglo XIX, vendida a la familia Rothschild y posteriormente adquirida por el príncipe **Pignatelli Cortes**. Este se la cedió al Estado italiano y ahora es un museo que lleva el nombre del príncipe. En el jardín de la villa, obra de Guglielmo Bechi, se halla el **Museo delle Carrozze,** donde se pueden ver bonitas piezas de finales del siglo XIX y principios del XX.

❙ PIAZZA DELLA REPUBBLICA ★★

Destaca en la plaza el **monumento a las Quattro Giornate** (cuatro días, del 28 de septiembre al 1 de octubre de 1943), realizado por Marino Mazzacurati, que representa a los napolitanos contra la ocupación alemana.

❙ VILLA COMUNALE ★★★

Fernando IV encargó el proyecto de esta inmensa villa a Carlo Vanvitelli y Felice Abate. Es un lugar magnífico para pasear y admirar las estatuas antiguas y las fuentes que salpican el jardín; también son preciosas las pequeñas casas que se encuentran a lo largo del paseo: la Sociedad de Bellas Artes Salvator Rosa, instalada en la **Casina pompeiana,** la **Cassa armonica** y la **Stazione zoologica** o **Acquario,** construida para albergar uno de los institutos científicos más antiguos.

▍ PIAZZA DEI MARTIRI ★★

Destaca en esta plaza el obelisco protegido por los cuatro leones que se construyó a mediados del siglo XIX en honor a los ciudadanos caídos en las cuatro revoluciones antiborbónicas (un león por cada una de ellas). Los dos edificios que llaman la atención en la plaza son el Palazzo Calabritto y el Palazzo Partanna.

VOMERO

Es la colina en la que sobresalen los dos grandes monumentos, **Castel Sant'Elmo** y la **Certosa di San Martino**. Este es el lugar ideal para admirar el golfo de Nápoles y reconocer la ciudad desde lo alto; desde aquí se aprecia claramente cómo Spaccanapoli divide el casco viejo de la ciudad. Aunque se puede subir a pie, hay tres funiculares que comunican esta parte de Nápoles con la Via Toledo y la zona de Chiaia.

▍ CASTEL SANT'ELMO- MUSEO DEL '900 (1910-1980) ★★★

Es otro de los castillos de Nápoles, quizá el que disfruta de mejores vistas. La parte central está rodeada por una fortificación que le proporciona esa particular planta en forma de estrella. Se edificó en el siglo XIV y en las tareas de construcción intervinieron varios arquitectos; originalmente se llamaba Belforte y su nombre actual viene de una transformación provocada por el paso del tiempo en el nombre de Erasmo, santo al que estaba dedicado un lugar de culto que había en este mismo sitio en el siglo X. Fue testigo de asaltos y conflictos como la revuelta de Massaniello en el siglo XVII o la revolución de 1799, tras la cual fue utilizado como cárcel.

▲ Vista de la ciudad de Nápoles desde Castel Sant'Elmo.

● ● ● ● ● ● ● ●

🕐 40C2
✉ Via Tito Angelini, 20A
🕐 De 8.30 h a 19.30 h
💶 5 €
🌐 www.beniculturali.it/luogo/castel-sant-elmo-e-museo-del-novecento-a-napoli

Pasado el foso y la puerta de entrada, se llega a la plaza de armas, la que merece la pena rodear para admirar la ciudad. Es necesario bajar a las estancias y al corredor subterráneo, que están excavados en la montaña, para conocer la prisión; es sorprendente. El complejo arquitectónico se completa con una iglesia y la capilla de Santa María del Pilar.

En la actualidad parte del castillo es sede de la **Biblioteca de Historia del Arte Bruno Molajoli** y del **Museo del '900** que documenta la producción artística realizada en Nápoles entre 1910 y 1980.

▮ CERTOSA DI SAN MARTINO   ★★★

⊙ 40C2
✉ Largo S. Martino, 5
🕒 De 8.30 h a 19.30 h, cierra miércoles. La taquilla cierra una hora antes
💶 6 €
🔗 https://cultura.gov.it/luogo/certosa-e-museo-di-san-martino

Comenzó a construirse en la época de los Anjou y se terminó en la segunda mitad del siglo xıv. Constituye un monumental ejemplo de la arquitectura barroca napolitana. La colina, junto con el complejo cartujano, protegido por el Castel Sant'Elmo, ha sido declarada Monumento Nacional en 2010, tanto por su valor arquitectónico como paisajístico.

Destaca la decoración de mármol de la iglesia, considerada una galería de arte por la categoría de las obras pictóricas que alberga. Son interesantes sus dos claustros: el **claustro Grande**, realizado por Dosio y Fanzago y el **claustro de los Procuradores,** del Dosio.

En el siglo xvı se realizó la primera reforma del edificio, pero fue en el xvıı cuando se llevó a cabo la gran transformación que le proporcionó el estilo barroco; uno de los autores de este cambio fue Cosimo Fanzago.

▼ Claustro Grande de la Certosa di San Martino.

◀ Exuberante decoración de la "Farmacia" de la Certosa di San Martino.

En el interior se halla el **Museo di San Martino,** con interesantes obras de los siglos XVII-XIX de Luca Giordano, Caracciolo, Ribera y ejemplos de los paisajistas pertenecientes a la escuela de Posillipo.

I VILLA FLORIDIANA-MUSEO DELLA CERAMICA DUCA DI MARTINA ✸✸

Fue la grande y llamativa villa que Fernando IV regaló a la duquesa de Floridia. Tiene un jardín maravilloso con una gran variedad de árboles y flores, en cuyo diseño se aprecian tanto elementos propios de los jardines italianos como de los ingleses. Desde los años treinta del siglo pasado es la sede del **Museo Nazionale della Ceramica Duca di Martina,** donde se expone una gran colección de objetos donados por el duque di Martina a la ciudad de Nápoles.

⊙ 40C1

Museo Duca di Martina
✉ Via Domenico Cimarosa, 77
⊙ De 9.30 h a 17 h (hasta las 19.30 en verano); cerrado el martes. La taquilla cierra media hora antes
🎟 4 €
🔗 https://www.beniculturali. it/luogo/museo-della-ceramica-duca-di-martina-in-villa-floridiana

SANITÀ Y CAPODIMONTE

Fuera del centro histórico y de la zona monumental se encuentra este gran espacio verde donde se ha instalado uno de los museos más interesantes de Italia, el Capodimonte.

I PIAZZA CAVOUR ✸

Un gran jardín recorre la parte central de esta plaza, siempre congestionada por el tráfico, a la que muchos edificios históricos muestran su fachada: el Palazzo Montemajor, la iglesia de Santa Marie delle Grazie y la iglesia de Santa Maria del Rosario alle Pigne; y en el centro surge la Fontana del Tritone. Está muy cerca del Museo Arqueológico y del casco histórico, pero desde aquí, cruzando la Porta San Gennaro, se accede al barrio de Sanità y las catacumbas, y a Capodimonte y su pinacoteca.

⊙ 41A3

▲ Fachada del palacio
de Capodimonte desde
el agradable jardín
que lo rodea.

❚ PALACIO Y MUSEO DI CAPODIMONTE ★★★

Desde la colina más alta de la ciudad, donde se halla
la ermita y el parque de los Camaldoli, se baja hasta
Capodimonte por la calle Colli Aminei. Esta agradable y excelente ubicación fue elegida por Carlos de
Borbón para construir su pabellón de caza, rodeado
de un extenso parque en el que luego mandaría
levantar su Palacio di Capodimonte. En este amplio
bosque se puede ver el **Pabellón de caza de la Reina,** la **Faisanera,** donde se crían faisanes, la **capilla
de San Genaro,** una pequeña casita llamada **Casina
di Vittorio Emanuele,** la **ermita de los capuchinos**
y la antigua **fábrica de porcelana.**

El palacio alberga el **Museo Nazionale di Capodimonte,** una de las pinacotecas más importantes
de Italia, que se completa con la rica colección de
arte decorativo y el **Appartamento Storico,** donde
se encuentra la **galería de las porcelanas de la
reina María Amalia,** consideradas trabajos únicos
y de gran valor.

Lo más destacado del museo es la colección de
obras reunidas por el papa Pablo III, que legó a Isabel
Farnesio y que más tarde heredaría Carlos de Borbón, la **Colección Farnese,** con obras de pintores
como Tiziano *(Dánae),* el Parmigianino, El Greco,
Ribera, Lorenzo Lotto o Brueghel; así como bocetos
de Miguel Ángel y Rafael; la **Colección Borgia,** con
obras de Bernardo Daddi y Mantegna, junto a la
pintura de la escuela napolitana como Caravaggio,
Simone Martini, Luca Giordano y Francesco Solime-

▲ Una de las salas del Museo di Capodimonte.

na. Otras secciones exponen buenos ejemplos de la pintura paisajística de Posillipo y los maestros del naturalismo. De la pequeña muestra de arte contemporáneo destacan las obras de Andy Warhol y Carlo Alfano.

El **parque** con sus 124 ha fue creado por Ferdinando Sanfelice en 1742. Cercado por muros, lo cruzan varias avenidas jalonadas de vegetación arbustiva y grandiosos árboles. En el centro se halla el **Pabellón de los Príncipes.** Cerca del palacio hay un jardín de estilo inglés de 1828 con césped, cedros, eucaliptos y magnolios.

❚ OSSERVATORIO ASTRONOMICO ★★

Es el primer observatorio moderno construido en Europa y fue fundado a principios del siglo XIX por los astrónomos Giuseppe Piazi y Federico Zuccari. En su interior se expone una pequeña muestra de instrumentos científicos de diferentes épocas.

🕐 f.p.
✉ Salita Moiariello 16
☎ 081 557 5111
🌐 www.oacn.inaf.it/

❚ SANTA MARIA DELLA SANITÀ ★★★

Esta basílica del siglo XVII se construyó sobre los restos de una iglesia paleocristiana. Desde ella se puede acceder a las **catacumbas** (de San Severo y de San Gaudioso) de los siglos V y VI en las que hay frescos y mosaicos que permiten intuir la figura de la *Madonna della Sanità,* la imagen de María más antigua de Nápoles; también se pueden ver imágenes de algunos símbolos como la cruz, una paloma, un cordero o unos peces.

🕐 41A3
✉ Piazza Sanità 33
🕐 Catacumbas de san Gaudioso, previa reserva, de 10 h a 17 h; miércoles cerrado
💳 13 €
🌐 www.catacombedinapoli.it

Rione Sanità: Catacumbas

Visita
Catacumbas
de San Genaro

✉ Via Capodimonte 13
entrada junto a la basílica
del Buen Consejo
⏰ Previa reserva, de 10 h a
17 h; cierra miércoles
💶 13 €
🌐 www.catacombe
dinapoli.it

▌ Es el barrio que se encuentra al pie de la colina de Capodimonte. Comenzó a urbanizarse a finales del siglo XVI en una zona que en época grecorromana se había utilizado como cementerio.

Aquí se encuentran las catacumbas y también el **cementerio delle Fontanelle,** construido para enterrar a los muertos durante la peste de mediados del siglo XVII.

▌ Al principio, en el barrio se instalaron la nobleza y la burguesía napolitanas que fueron los que edificaron residencias como el **Palazzo dello Spagnolo**, el **Sanfelice** o el **Palazzo di Majo,** pero con los años se convirtió en una zona deteriorada y marginal.

Las **catacumbas de San Genaro** en la basílica del Buen Consejo y las de **San Gaudioso y San Severo** en la basílica de Santa Maria della Sanità, pertenecen al barrio de Nápoles, situado fuera de los límites de las murallas de la ciudad, en la parte donde se enterraba a los muertos.

▌ Forman un increíble e interesante mundo subterráneo que constituye todo un testimonio de la devoción y respeto que sienten los napolitanos por sus muertos.

▼ Catacumbas
de San Genaro.

EL RETTIFILO, UNIVERSITÀ

La presencia de comercios, bares y, sobre todo, mucho tráfico, lo convierten en una de las zonas más caóticas de Nápoles; es el Corso Umbero I, que va desde la Piazza Giovanni Bovio hasta la Piazza Garibaldi.

I PIAZZA MATTEOTTI

Se creó en los años treinta en lo que era el barrio de Carità. La arquitectura que se ve es un poco desigual. El edificio más llamativo es el **Palazzo delle Poste,** que, construido a principios del siglo XX, es un símbolo del progreso. También se encuentran aquí ejemplos del período fascista, como el **Palazzo della Provincia** y el **de la Questura.**

I UNIVERSIDAD FEDERICO II ✱

La Universidad tiene su origen en el Studio general que en 1224 fundó Federico II y cuya ubicación es incierta. Ahora se halla en el interior de un palacio del siglo XIX en cuya fachada se puede ver un relieve del fundador. Por la escalera se llega al claustro desde donde se accede a los diferentes espacios. Este palacio fue el primero de una serie de edificios destinados a alojar facultades, institutos y aulas que formaban parte de la Universidad de Nápoles, así como el Museo de Zoología y el de Mineralogía entre otros.

I PIAZZA GARIBALDI ✱

El nombre de esta plaza se debe al monumento de Cesare Zocchi dedicado a Garibaldi. Debido a su situación, cerca de la estación central, el ambiente es muy diverso, y por la noche no muy conveniente.

I IGLESIA SAN PIETRO AD ARAM ✱✱

El aspecto que presenta hoy es el adquirido en la segunda mitad del siglo XVII, aunque es probable que al principio fuera una iglesia medieval dedicada a San Pedro, pues según la leyenda fue levantada sobre el lugar donde bautizó a Santa Cándida y San Aspreno.

I PORTA NOLANA ✱✱

Dos torres, llamadas Fe y Esperanza, sirven de apoyo al arco de la Porta Nolana, situada en la plaza homónima. Se construyó en el siglo XV; destaca un bajorrelieve de mármol sobre Fernando I de Aragón.

I IGLESIA DE SANTA MARIA DEL CARMINE ✱✱

Está situada en la Piazza Mercato, centro de la actividad comercial en época de Carlos de Anjou. La iglesia tiene uno de los campanarios más altos de la ciudad.

¿Sabías que...?

En este barrio es famosa la Fiesta de la Bruna y su procesión que se celebra el 15 de julio en su honor y durante la cual pasean por el barrio el icono en el que está representada la Virgen; la fiesta termina con la asombrosa simulación del incendio del campanario.

· · · · · · · · ·

🕓 41C3

· · · · · · · · ·

🕓 41B3
✉ Corso Umberto I 40
☎ 081 253 1111
🕐 De lunes a viernes de 9 h a 13.30 h, lunes y jueves también de 14.15 h a 16.30 h
🎟 1 museo, 2,50 €; 5 museos, 6 €
🖥 www.cmsnf.it

· · · · · · · · ·

🕓 41B4

· · · · · · · · ·

🕓 41B4
✉ Via Santa Candida 4

· · · · · · · · ·

🕓 41B4

· · · · · · · · ·

🕓 41B4
✉ Piazza del Carmine 2

LO QUE HAY QUE SABER

A continuación se presentan algunas claves que pueden ayudar a comprender mejor a los napolitanos y a mezclarse con ellos durante la visita a la ciudad.

❚ El volcán y las calderas

✓ Una amplia zona del norte de Nápoles se extiende entre cráteres y volcanes; su visita ofrece la posibilidad de salir un poco de la ciudad y admirar las obras que la naturaleza ha querido añadir al gran patrimonio artístico.

✓ Aparte del impresionante Vesubio que tanta presencia tiene en la historia de la ciudad, hay otros lugares interesantes que conviene visitar para llegar a la conclusión de que los napolitanos tienen en común la calidez y el ajetreo de la tierra que pisan.

✓ El volcán Solfatara en Pozzuoli, el lago Averno, los cráteres de los fondos de Bacoli y la isla de Procida, son algunos de los sitios más atractivos y de fácil acceso.

❚ El cuerno rojo

✓ El cuerno rojo, ese objeto que podemos ver colgado por todas partes, es el símbolo del dedo cortado de San Genaro. La punta de este amuleto debe estar muy afilada para combatir el mal de ojo.

❚ El culto a los muertos

✓ La relación que tienen los napolitanos con los muertos es una de las cosas que más llama la atención. Están tan seguros de que ellos siguen presentes ahí para ayudarles que la preocupación por su bienestar ha hecho que los cementerios siempre estén situados en la parte más alta de las ciudades y orientados hacia el lado con mejores vistas, cuando es posible frente al mar.

✓ Dos de los lugares que pueden resultar más interesantes para observar esta dedicación a los muertos es el Cimitero delle Fontanelle, y la iglesia de Santa Maria delle Anime del Purgatorio ad Arco; y aunque el espectáculo pueda resultar algo macabro, también es muy interesante.

✓ El primero se encuentra en el rione Sanità, en la iglesia del Carmine, donde se pueden ver calaveras y muchos huesos en las estrechas cavidades de la pared. Aquí se rinde culto a los muertos sin nombre y a *le pezzentelle,* las almas de los que no han recibido una sepultura digna,

que se hallan en el purgatorio y que necesitan que alguien rece por ellos para poder acceder al paraíso. Durante siglos los napolitanos han rezado por estos muertos.

✓ La iglesia de Santa Maria delle Anime del Purgatorio ad Arco está en el centro histórico, en via dei Tribunali; en su cripta se hallan dispuestos los huesos y las calaveras entre las lápidas de los que pertenecían a la cofradía.

✓ Durante muchos siglos aquí fueron venerados estos muertos sin nombre por los que se llegaron a celebrar hasta cincuenta misas al día y a quienes se les llevaba flores y velas para que las almas proporcionaran alguna gracia.

El café

✓ Es posible que los napolitanos se encuentren entre los mayores consumidores de café y además destaquen por la cantidad de maneras de prepararlo. La *'na tazzulella 'e café* es lo primero que se ofrece al invitado y ellos lo toman a todas horas.

✓ El *caffè sospeso* es una curiosa costumbre muy extendida durante muchos años en los bares de Nápoles: pedirlo significa que te sirven un café y pagas dos; cualquier persona que no pueda permitirse pagar un café puede preguntar si hay algún *caffé sospeso*, y si alguien lo ha pagado se lo sirven. Como cada vez va siendo menos habitual, en 2011 se decidió celebra un *Día del Caffè Sospeso* para no olvidar esta generosa tradición.

✓ Y aunque para degustarlo cualquier sitio es bueno, algunos cafés merecen una visita, por ejemplo, en Nápoles, el **Gambrinus** (Via Chiaia 1-2, Piazza Trieste e Trento), **La Caffettiera** (Piazza dei Martiri 26), el **Caffè del Professore** (Piazza Trieste e Trento 2), el **Scaturchio** (Piazza di San Domenico Maggiore 19) o el **Intra Moenia** (Piazza Bellini 70); en Sorrento **O Parrucchiano** (Corso Italia 71) y en Amalfi la **Pasticceria Andrea Pansa** (Piazza del Duomo 40).

El vino

✓ Gracias a las características de la tierra volcánica y a su clima se producen vinos espléndidos en toda la Campania. Existe una gran tradición vinícola en esta región y hay evidencias que demuestran que ya se cultivaba la vid en el siglo VIII antes de Cristo. En los últimos veinte años se ha intentado trabajar la tierra y recuperar el cultivo de uvas autóctonas para conseguir vinos de gran calidad. Entre las variedades que conviene recordar al acudir a un restaurante están los tintos *Aglianico*, *Asprinio de Aversa*, *Piedirosso* y *Lacryma Christi*; y entre los blancos el *Falanghina*, el más común, *Biancolella* y *Epomeo*.

ALREDEDORES

❙ POSILLIPO   *

El distrito residencial de Posillipo, situado en una magnífica colina, siempre ha sido una de las zonas más elegantes de las afueras de Nápoles. Parques, casas señoriales, palacios y pequeñas calas hacen de este tramo, que va desde el bonito barrio de pescadores **Marechiaro** a **Mergellina,** un lugar paradisíaco. Una de las imágenes más repetidas de esta zona es el aristocrático **Palazzo Donn'Anna,** construido directamente sobre el mar. Son muy interesantes también los restos de la **Villa de Pausilypon** y el **teatro** y en la punta de **Capo Posillipo** se halla el **Parque sumergido de Gaiola.**

❙ CAMPI FLEGREI   **

La mejor descripción de esta zona, situada al noroeste de Nápoles, la escribió Goethe hace mucho tiempo: "Una tierra que respira a través de sus piedras, desierta, con aguas en continua ebullición, con restos de una historia dibujada en los volcanes". El arte y la historia, unidos a la extraña naturaleza volcánica, hacen que esta zona presente múltiples atractivos: cráteres sulfurosos, ciudades bajo el agua, los escenarios de las leyendas de Homero y de Virgilio.

❙ AGNANO   **

En el fondo de este célebre lago de origen volcánico –hoy hipódromo– se encontraron las ruinas de una estación termal de época romana y las saludables y sulfurosas **Stufe di San Germano,** que todavía frecuentan los habitantes de la zona. También se localiza aquí la **Grotta del Cane** cuyas emanaciones de ácido pueden axfisiar a quien lo inhale; el nombre

▲ Venta de conchas en Ischia.

◀ Marina de Corricella en la isla de Prócida.

▼ Bahía de Nápoles.

viene de la cruel costumbre de llevar un perro a la gruta para comprobar que esto era cierto. En sus beneficiosas termas emplazadas en el antiguo cráter hay más de 70 manantiales de los que sale agua a una temperatura de entre 20 y 70 ºC. Sus propiedades medicinales sirven para el tratamiento de algunas enfermedades musculares y respiratorias.

EL GOLFO DE NÁPOLES

▎POZZUOLI   ★★★

Situada en una zona en la que todavía está activa la acción volcánica y que fue escenario del fenómeno conocido como *bradisismo,* consistente en el descenso o ascenso del suelo, este puerto de mar mira hacia la parte central del golfo del mismo nombre que se forma entre la isla de Nisida y el Capo Miseno. Fue fundada por los griegos y llamada primero *Dicearchia* y más tarde *Puteoli* por los romanos. También visitada por sus termas, es sobre todo, una sorpresa por la cantidad de restos arqueológicos que contiene: el **Templo de Serapis,** así llamado por la escultura de esta divinidad egipcia encontrada en la zona, que no era un templo sino un mercado.

El **Rione Terra** es una ciudad romana increíblemente conservada. La **Acrópolis puteolana,** donde se halla el **Templo de Augusto,** lleva mucho tiempo sometida a labores de restauración después de que se dejaran a un lado por el *bradisismo.* El **Anfiteatro de Flavio** se halla en la parte alta del pueblo, en una zona donde se han encontrado muchos restos arqueológicos de la época romana, como el **Anfiteatro Minore** y la **Piscina Cardito;** este anfiteatro, que es el tercero más grande de Italia, se construyó cuando gobernaba Vespasiano, en el siglo I d.C. y su arquitectura constituye un maravilloso ejemplo de lo avanzadas que eran la técnicas de construcción de los romanos. En las afueras, pero muy cerca del pueblo, está la ardiente **Solfatara,** un cráter en ebullición por el que se puede pasear, pero con cuidado porque hay que ir sorteando las fumarolas de las que salen continuamente vapores; el aire huele a azufre y el calor puede ser exagerado.

▎LAGO AVERNO   ★★

El Averno era la entrada a los infiernos, según nos contaron Virgilio y Homero en sus grandes obras, quizá por esas aguas quietas y oscuras de las que se decía que huían los pájaros horrorizados –Averno

▲ Sótanos del anfiteatero de Flavio, Pozzuoli.

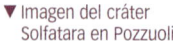

▼ Imagen del cráter Solfatara en Pozzuoli.

viene de *aornon*, palabra griega que significa "sin pájaros"–. Hoy las aves vuelan sin miedo por encima del lago e incluso se puede ver vida bajo sus aguas. Por la orilla se llega a un túnel que comunica este con el **lago Lucrino,** cerca de las **Stufe di Nerone** y que formaban parte de las termas situadas en la ladera del monte, todavía hoy activas.

I BAIA   ★★★

Era una de las zonas más disputadas por los ricos romanos de la época para construir sus villas de verano. Hasta tal punto era solicitada que se conocía como la "pequeña Roma". Muchos de los edificios de este pueblo han quedado bajo el mar; es posible hacer un recorrido en barco para ver bajo el agua algunos de los restos de esta ciudad en el **Parque Arqueológico Sumergido.**

En una parte de la colina, formando terrazas se halla el **Parque Arqueológico de Baia,** una gran superficie con edificios que se cree que formaban parte de la residencia del emperador; lo más destacado del parque son las **termas** y el **templo de Venus,** las **termas de Sosandra,** las **termas de Mercurio** y el **templo de Diana.**

También se exponen los restos encontrados en toda esta zona en el interesantísimo **Museo Arqueológico de los Campi Flegrei,** que se encuentra en el **Castello de Baia,** construido bajo el mandato del virrey español Pedro de Toledo en el siglo XVI.

Museo Arqueológico
✉ Via Castello, 39, Bacoli
☎ 081 523 3797
🕐 De 9 h a 20 h; la taquilla cierra una hora antes; lunes cerrado
💶 5 €
🌐 www.coopculture.it/ heritage.cfm?id=69#

▼ Parque Arqueológico de Baia y al fondo el castillo.

BACOLI Y CAPO MISENO   ★★

Fundado por los griegos, Bacoli es un pueblo de pescadores famoso también por su balneario. Como en toda la zona, hay restos que merece la pena visitar: las **Cento Camerelle** ("cien salas o habitaciones") están dispuestas en dos niveles que forman un complicado mecanismo para aprovechar el agua necesaria para la localidad; el nivel inferior es el más antiguo y consiste en una serie de túneles que desembocan en el mar (cerrado al público). Entre las cisternas más grandes de la Antigüedad está la **Piscina Mirabile,** un depósito del siglo I d.C., construido en la época del emperador Augusto, excavado al final de un acueducto para abastecer de agua a las embarcaciones romanas que estaban amarradas en el **Capo Miseno,** el cuartel general de la marina imperial.

CUMA   ★★★

Es una antigua colonia griega del año 730 a.C., la más próspera de esta parte de Italia por su gran actividad comercial. Su **Parque Arqueológico** es sorprendente: en la **Acrópolis** se pueden ver restos de muros de la antigua ciudad griega, el **templo de Apolo,** el **templo de Venus,** el **Foro** con las termas, el **Anfiteatro** y, ya fuera de la ciudad se pasa en coche por debajo del **Arco Felice,** de 20 m de altura, que mandó construir el emperador Domiciano para que la via Domiciana pudiera pasar por el monte Grillo. Pero lo más atractivo de esta zona es el **Antro de la Sibila,** una larga galería excavada en el muro donde habitaba la Sibila y desde donde emitía sus apreciadas profecías, como la que, según Virgilio, auguró a Eneas un memorable destino.

LAS ISLAS DEL GOLFO DE NÁPOLES

ISCHIA   ★★★

Es la más grande de las islas del golfo de Nápoles y, como Prócida, también es el resultado de la actividad volcánica de la zona. Es uno de los destinos turísticos más solicitados de Italia por su intensa actividad termal gracias a sus numerosas calderas, manantiales y fumarolas y por la calidad de sus aguas que desde hace miles de años se utilizan para curar. Además, sus grandes bosques, sus valles con viñedos y olivos y las playas añaden atractivo a la isla.

Está dividida en dos zonas: **Ischia Porto,** donde se encuentran los balnearios y las aguas termales, e **Ischia Ponte,** un barrio en el que destaca la **Catedral dell'Assunta,** al lado del **Palazzo**

SP 164, 1
081 804 0430
De 9 h al atardecer; martes cerrado
L2, parada Montesanto, luego cambiar al cercanías parada Cuma
5 €

Castillo Aragonés
081 992 834
De 9 h al atardecer. La taquilla cierra 1 h 30 min antes del cierre
12 €
www.castelloaragonese-ischia.com

Museo Arqueológico de Pithecusae
081 996 103
De lunes a miércoles, de 9 h a 13 h; de jueves a domingo, también de 17 a 19.45 h
8 €
www.pithecusae.it

▲ Castillo Aragonés
en la isla de Ischia.

dell'Orologio, que alberga el **Museo del Mare**. Desde aquí se puede cruzar el **Ponte Aragonese** para acceder al **Castello**, que primero fue un presidio militar bizantino y más tarde, en el siglo xv Alfonso de Aragón lo mandó fortificar y unir el islote en el que se halla a la isla construyendo el puente.

En **Casamicciola Terme** se encuentra el **Museo Civico. Lacco Ameno** es, junto con la anterior, la localidad más visitada por sus aguas; merece la pena visitar **Villa Arbusto**, sede del **Museo Arqueológico de Pithecusae**, donde, además de su maravilloso **jardín,** se pueden ver restos muy valiosos de los primeros asentamientos griegos en la isla; el objeto más preciado es el *Copa de Néstor.*

Forio, en parte dedicada a la agricultura, es la zona más tranquila y menos turística de la isla; también su costa fue la más expuesta a las invasiones sarracenas, de ahí que se construyeran varios torreones para defenderla, entre ellos destaca el recio **Torreón** circular que se edificó en el siglo xv. La **Piazza del Soccorso** es uno de los lugares más agradables para disfrutar de las vistas y entre las playas, la de **Citara**, con su agua a 45 grados, es la más recomendable. Luchino Visconti tenía una casa en Forio, *La Colombina,* donde residía cuando visitaba Ischia; hoy es propiedad del Comune y se ha convertido en un **museo** dedicado al director de cine.

El pequeño municipio de **Serrara Fontana** está dedicado sobre todo a la agricultura, excepto la bella localidad de **Sant'Angelo,** muy frecuentada por sus balnearios. **Barano d'Ischia** es el acceso oriental a la **playa dei Maronti,** de evidente naturaleza volcánica y a la que acuden los amantes de los deportes acuáticos.

▼ Calle de Sant'Angelo
en la isla de Ischia.

▲ Casas de colores en la Marina de Corricella.

¿Sabías que...?

La isla de Prócida es muy visitada en Semana Santa por sus famosas **procesiones**, en las que participan casi todos sus habitantes. Como curiosidad, hay que decir que fue el lugar elegido para rodar *Il Postino* (El cartero de Neruda) y *El talento de Mr Ripley;* y aquí se desarrolla la novela de Elsa Morante *La isla de Arturo*.

❙ CAPRI (▶ 34) ★★★

❙ PRÓCIDA ★★★

La pequeña y encantadora Prócida, la menor de las islas del golfo, está situada enfrente de Capo Miseno, separada de este por el Canal de Prócida, muy cerca de Ischia y no tanto de Capri, junto al pequeño islote de Vivara, espacio natural protegido y unido a la isla por un puente, que solo puede ser visitado con un permiso del Municipio. Por las características morfológicas de la isla forma parte del área de los Campi Flegrei, de hecho la isla es el resultado de la actividad volcánica de la zona.

Los griegos llamaron *Próchyta* a este pedazo de tierra de gran tradición marinera donde todavía se puede ver cómo trabajan los pescadores en la **Marina di Corricella,** la zona más fotografiada y filmada de la isla; sus casitas de colores presentan una arquitectura sorprendente –escaleras que forman un arco en la planta baja y en las que se abren puertas y ventanas– que probablemente tenga que ver con alguna adaptación al medio y al clima mediterráneo.

La **Marina Grande** o **Marina de Sancio Cattolico** es el lugar al que llegan los barcos de Nápoles o de Pozzuoli. Hay todavía otra, la **Marina di Chiaiolella,** cerca de la playa más frecuentada que está cercada por la colina de Santa Marguerita Vecchia.

En la parte alta de la isla, la **Terra Murata** esconde un bonito barrio medieval. El **castillo** que domina el pueblo está construido sobre una pared de roca volcánica que baja al mar, casi colgado en el muro. No hay que olvidarse de visitar la **iglesia de la abadía de San Michele** y su interesantísimo **museo** y la **iglesia de Santa Maria delle Grazie.**

LA PENÍNSULA SORRENTINA

Es la península que separa las aguas del golfo de Nápoles de las del golfo de Salerno y la Costa Amalfitana. Un maravilloso espacio natural que surge sobre el mar Tirreno extendiéndose desde Castellammare di Stabia hasta Punta Campanella, que era considerada un lugar sagrado por los griegos, que levantaron ahí un templo a Atenea. Los pueblos de la Península Sorrentina, situados en un lugar de singular belleza natural, han convertido estos kilómetros de costa en una de las zonas de interés turístico más solicitadas gracias a sus playas, su arte y sus tradiciones. Limoneros, viñedos y olivos se asoman al mar a lo largo de esta costa alta, accidentada y rocosa, creando un paisaje de acantilados, bahías y peñones.

I BAGNO DELLA REGINA GIOVANNA ★★★

Quien quiera bañarse rodeado de los restos arqueológicos de una antigua villa romana, solo tiene que llegar hasta el pueblo de **Capo di Sorrento** y después continuar por un sendero que termina en este paradisíaco lugar, también conocido como **Villa Pollio Felice,** el nombre de un patricio romano del siglo I a.C.

I CASTELLAMMARE DI STABIA ★★★

Aparentemente es una ciudad moderna, conocida por sus termas y su industria naval. Recibe el nombre de un castillo de la Edad Media, *castrum ad mare* y de la antigua *Estabia,* una de las ciudades que destrozó el Vesubio en la misma erupción que asoló Pompeya y Herculano. Las excavaciones arqueológicas han encontrado algunos edificios romanos, la **necrópolis de Santa Maria delle Grazie** y dos villas que se pueden visitar: **Villa San Marco** y **Villa Arianna**.

▲ Bagno della Regina Giovanna.

I MASSA LUBRENSE ★★★

El territorio de Massa Lubrense se extiende hasta la Punta Campanella. Aquí cultivan los famosos *limones de Sorrento* que desde el año 2000 disfrutan de la denominación de origen protegida; solo los limones cultivados de modo natural en la Península y en Capri tienen este sello de garantía. En la parte alta del pueblo se halla la **iglesia de Santa Maria delle Grazie,** que alberga un cuadro de Andrea da Salerno, *Madonna delle Grazie* y tiene un suelo de cerámica de mayólica. Muy cerca, en **Marina della Lobra,** hay un santuario del siglo XVI que merece la pena visitar.

I SANT'AGATA SUI DUE GOLFI ★★

La **iglesia de Sant'Agata** tiene un maravilloso altar mayor de mármol de colores e incrustaciones de nácar y otras piedras semipreciosas que fue obra del maestro florentino Dionisio Lazzari. Pero lo más famoso es el **convento del Deserto,** de carmelitas, desde donde se disfruta del bello panorama de los dos golfos, Capri y el Vesubio.

▼ Playa de Vico Equense.

I VICO EQUENSE ★★

Su reclamo turístico son las **termas** y la **Piazza della Annunziata** con su iglesia gótica, única en la zona. Es interesante la visita al **Museo Mineralógico Campano,** con más 3.000 minerales de todo el mundo; el **Antiquarium Silio Italico,** donde se exponen los restos arqueológicos griegos y etruscos y en paneles explicativos se reconstruye la historia de la necrópolis en la que desde 1965 se han encontrado más de 200 tumbas; y el **Museo de Arte Sacra.**

UN PASEO EN COCHE

Las villas bajo el volcán

Visita
Herculano, Castellamare di Stabia, Villa de Popea

Herculano

- ✉ Corso Resina 187 y Vía dei Papiri Ercolanesi
- ⊙ servicio de información y taquillas, 081 010 64 90
- ⊙ De 8.30 h a 17/19.30 h, según temporada; la taquilla cierra hora y media antes
- 🎫 16 €
- 🖥 http://ercolano. beniculturali.it
- 🚉 Circumvesuviana Nápoles-Sorrento y Nápoles-Poggiomarino, parada Ercolano
- 🚗 En coche: A3, Autostrada Nápoles-Salerno (salida Ercolano). Se tarda 20 minutos aproximadamente

Castellamare di Stabia

- 🖥 www.comune. castellamare-di-stabia. napoli.it

Villa de Popea (Oplontis)

- 🖥 www.pompeiisites.org

▼ Mosaico en Herculano.

❙ Además de Pompeya (▶30), Herculano y otras ciudades también fueron destruidas por el volcán y hoy, después de pacientes excavaciones, han salido a la luz algunos de los restos arqueológicos que albergaban.

Durante la erupción del Vesubio en el año 79, que afectó también a Pompeya, **Herculano** quedó cubierta por una gruesa capa de ceniza y *lapilli* (fragmentos de lava), material volcánico que al solidificarse permitió que, a diferencia de la primera, muchos edificios conservaran su estructura y todas sus plantas. Las ruinas de Herculano, actualmente propiedad del Estado italiano, fueron descubiertas por casualidad durante la perforación de un pozo en 1709. Las primeras excavaciones oficiales comenzaron en 1738; desde el año 2001 se realizan tareas que forman parte del actual proyecto de conservación e investigación cuyo objetivo es proteger esta área arqueológica declarada Patrimonio de la Humanidad en 1997.

❙ Herculano fue una gran ciudad construida por ciudadanos romanos que decidieron dedicar este lugar a Hércules. En ella vivían personas de diferentes clases sociales y esclavos; las diferencias se pueden apreciar en la gran variedad de casas que van desde grandes y lujosas viviendas, adornadas con mármoles y decoradas con exquisitos frescos, hasta humildes moradas.

En las inmediaciones de la ciudad, ya fuera de sus murallas, se encuentra la **Villa de los Papiros**, una enorme mansión cuyo propietario era un miembro de la aristocracia y en la que se han encontrado los papiros que dan nombre a la villa. Herculano también es el lugar donde se hallaron los primeros esqueletos romanos, del siglo I, que se pueden ver en la **Casa del Esqueleto**.

❙ Además de Pompeya y Herculano se pueden visitar las villas de **Castellammare di Stabia** y la espectacular **Villa de Popea** en Oplontis, una villa aristocrática con frescos y mosaicos muy bien conservados y una espléndida arquitectura.

I SORRENTO ★★★

Es la ciudad más importante y por ello da nombre a la península. Además es la mejor situada, plantada en la roca como una imponente montaña que cae en picado sobre el mar mirando al golfo de Nápoles, el Vesubio y Capri. La **Piazza Tasso** es el centro del casco histórico, uno de los lugares de reunión y de paseo de sus habitantes. Entre sus monumentos principales destaca el **Duomo.** Aunque su origen es más antiguo, se tienen noticias de la reforma del siglo xv cuando se convirtió en catedral. En el interior conserva un pequeño retablo de la *Virgen con el Niño, san Juan Bautista y san Juan Evangelista,* de Silvestro Bueno.

Cerca de los verdes y refrescantes jardines de la Villa Comunale se halla la **iglesia de San Francisco** del siglo xviii, en cuya fachada destaca sobre todo el portalón de madera tallada. No hay que olvidarse de visitar el pequeño **claustro** que hay en el edificio de al lado en el que se aprecia la impronta árabe. Situado en un bonito lugar, el **Museo Correale di Terranova** alberga una gran muestra de pintura de la escuela napolitana, obras de los maestros flamencos y paisajes de la escuela de Possilipo; también están expuestos valiosos relojes y porcelanas.

Por último conviene visitar el **Sedile Dominova,** pórtico decorado con **frescos** del siglo xv y sede de la asamblea de los nobles donde discutían de política. Ahora, bajo su preciosa cúpula de mayólica se sientan los sorrentinos a jugar a las cartas.

Museo Correale di Terranova
☎ 081 878 1846
🕐 De 9.30 h a 18.30 h
💶 8 €
🌐 www.museocorreale.it

▼ Costa de Sorrento.

Gastronomía

Para los napolitanos la comida es uno de los grandes acontecimientos cotidianos; preparar una buena comida lleva un tiempo que ellos emplean con el mismo agrado que dedican a saborear los platos. El momento de la comida les permite una vez más desplegar su carácter generoso y su hospitalidad. Su tierra volcánica, la abundancia de agua y el clima de la costa proporciona exquisitas frutas, verduras y hortalizas; y la zona de montaña, frutos secos, setas y trufa negra. Todos estos productos característicos de su gastronomía les permite elaborar platos con alimentos frescos, sencillos y de una calidad tan extraordinaria que son irresistibles.

▲ Tapiz con escena de napolitanos comiendo pasta.

▌ El placer de comer

La cocina italiana que todos conocemos tiene su origen en Campania; sus habitantes están tan convencidos de ello que no pueden evitar sentir un poco de resentimiento hacia el resto de Italia por haberse apropiado de los laureles sin haber reconocido a esta región como en realidad se merece.

▌ Los ingredientes

Los **tomates** son sabrosos y jugosos y tienen nombre propio, como el *pomodoro* de San Marzano o los *pomodorini* del Vesubio. El **aceite de oliva** es fundamental en la preparación de los platos de esta región y en su elaboración se combinan los métodos tradicionales con la tecnología moderna. Hay gran variedad de **quesos** en la zona y entre los más ricos están *canestrato di pecora, carmasciano, pecorino, caciocavallo podolico* o *silano.*

La **charcutería** o *salumi* que se elabora en la zona es muy rica y sobre todo la *panceta picante del Cilento,* que la solemos ver enrollada y que desenrollada se conoce con el nombre de *longarella;* hay varios tipos de salchichón y jamón pero la mejor es la *sopressata di Gioi Cilento,* una especie de morcón elaborado con carne de la mejor calidad y al partirla se observa en el centro un trozo de grasa blanca que hace que se conserve mejor.

El **pescado** fresco de la zona es excelente y concretamente los moluscos y crustáceos.

▌ Los platos

En todos los menús se pueden elegir unos **entrantes** de verdura, queso, embutidos o pescados como la fritura mixta, las anchoas marinadas, las ensaladas de pulpo o la famosa *impepata di cozze* (una gran fuente de mejillones al vapor); uno de los *antipasti* más sabrosos y más típicos son los *stuzzichini* fritos (croquetas de patata, mozzarella y pizzas pequeñas fritas).

Como **primer plato,** la pasta (la mejor es la de Gragnano, un pueblo del interior situado entre Positano y Sorrento), pero los días de fiesta y los domingos suelen preparar el *ragú napolitano,* hecho al horno y en cazuela de barro, que normalmente utilizan para añadírselo a la pasta; también le añaden

almejas y los convierten, por ejemplo, en unos exquisitos *vermicelli alle vongole;* o pescados y mariscos *(ai frutti de mare).* La tradición gastronómica es rica en platos sabrosos y consistentes como los ñoquis a la sorrentina con mozzarella de búfala, el ragú, la sopa de castañas, las alubias y los *tagliatelle ai funghi porcini.*

Entre los **segundos platos** destacan los de pescado que casi siempre ofrecen fresco y preparado en fritura, al horno, a la brasa o envuelto en hojas de limón; también tienen platos más elaborados como las alcachofas marinadas con anchoas y la sopa de mejillones. En el interior también se come mucha carne, el cabrito a la brasa, el cordero guisado con salchicha y patata o el conejo son platos típicos de esta región; además comen callos, pollo, un exquisito cocido de carne y verdura y berenjenas rellenas. Entre los platos salernitanos están por ejemplo la *milza imbottita* o el hígado relleno.

Las **guarniciones,** *i contorni,* suelen ser muy variadas gracias a la gran cantidad de verdura que produce la región: calabacines *(zucchini),* alcachofas, tomate, lechuga, olivas y brócoli, del que tienen una variedad conocida como *friarielli* del Vesubio que es deliciosa.

Los **postres** son tan variados o más que el resto de los platos: la *pastiera,* una torta rellena de ricotta, el *babà,* una pasta bañada con zumo de naranja y ron; el *presidenziale,* de chocolate y licor de naranja; la famosa *torta caprese* y la *sfogliatella,* uno de los éxitos de la cocina de Nápoles.

También merecen una mención los postres de la costa amalfitana: las *melanzane al cioccolato* y la *santarosa,* una *sfogliatella* con crema y almendras elaborada por las monjas del monasterio del mismo nombre; o los *fagottini* de hojas de limón con relleno de pasas y fruta escarchada de la Península Sorrentina. Pero la comida no termina hasta que se haya tomado la inexcusable taza de **café** o/y una copita del licor típico **limoncello.**

▲ Pizzas, pasta y ensaladas son muy comunes en cualquier restaurante.

I Un café y la mejor conversación

El café es una costumbre de la región de Campania a la que pocos estarían dispuestos a renunciar. A finales del siglo XIX se habían abierto más de cien cafeterías en la ciudad y comenzaron con este ritual que hoy parece todavía más antiguo. Quizá el efecto del café pueda explicar la famosa costumbre de los napolitanos de estar siempre despiertos, de que les cuesta bastante ir a la cama y de que permanezcan absolutamente frescos y entusiasmados en una conversación de madrugada.

Por el **golfo de Salerno**

A pesar de todo lo que ofrecen los pueblos de esta costa, podría recorrerse en pocos días pero merece la pena dedicar un tiempo a cada zona y mantener el ritmo de este paraíso del que sus habitantes se sienten tan orgullosos. Pueblos de una belleza extraordinaria, catedrales, playas, palacios, bosques, montes, jardines, etc. No hay nada que la Costa Amalfitana no pueda ofrecer. Las ciudades más visitadas son Positano, Amalfi y Salerno; pero merece la pena acercarse también a otras más pequeñas e incluso a los pueblos de la montaña.

▌La Costa Amalfitana

Situada a unos 56 km de Nápoles, es el lado meridional de la Península Sorrentina que va desde Punta Campanella hasta Vietri sul Mare, encerrando el golfo de Salerno.

La "costa divina" que tanto atrae a los viajeros de todo el mundo recorre una carretera sinuosa en la que se encuentran ciudades tan bellas como Positano, Amalfi, Cava de Tirreni o Ravello. Fue declarada Patrimonio de la Humanidad en el año 1997 por su atractivo natural y por la presencia de su importante y singular arquitectura, así como de otras obras de arte que se encuentran repartidas por los pequeños pueblos que la componen, cada uno de los cuales tiene el encanto suficiente como para merecer una visita.

En su naturaleza salvaje destacan sus montañas con inclinadas pendientes que descienden de forma brusca hacia el mar, a lo largo del cual se encuentran pequeñas bahías y una gran variedad de playas, algunas más grandes, pero la mayoría minúsculas; también destaca la presencia de grutas y galerías subterráneas y de fiordos como el de Furore.

El paisaje es sorprendente y desde el mar se aprecian mejor las verdes terrazas de los limoneros y otros cultivos colgadas en las laderas de la montaña, como escaleras que descienden hacia el mar.

▲ Limones de Salerno.

◀ Terraza del Infinito, en Villa Cimbrone.

▼ Vista de la ciudad y el puerto de Amalfi, que da nombre a esta costa.

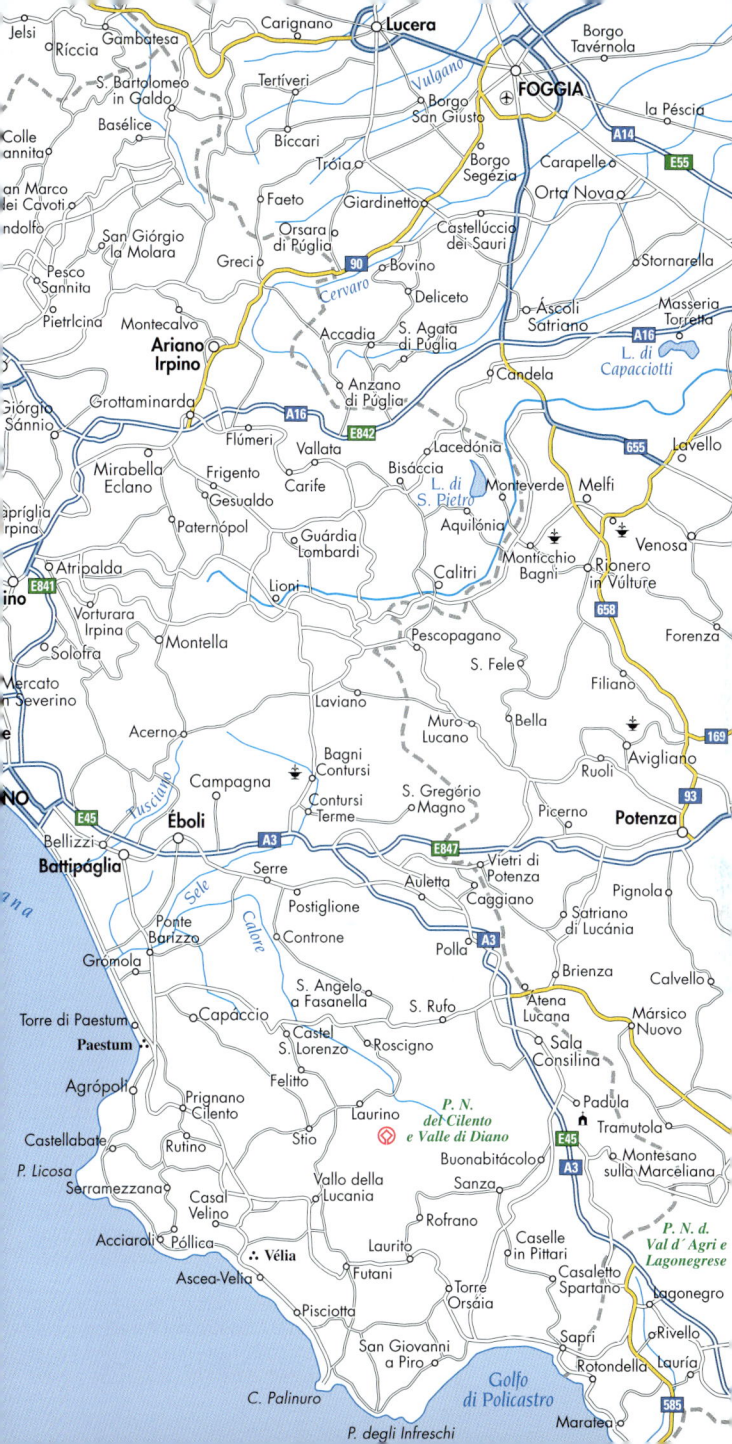

Amalfi

▲ Detalle de la decoración de la fachada del Duomo de Amalfi.

Es la más antigua de todas las repúblicas marineras de Italia. Se cuenta que fue fundada por romanos que iban de camino a Constantinopla en el siglo IV, pero los restos romanos que aparecen citados en los documentos oficiales son del siglo VIII.

Sus habitantes soportaron los ataques de los lombardos y de los sarracenos y vivió su época de mayor esplendor en los siglos XI-XII. Durante este tiempo la ciudad mantenía intensas relaciones comerciales con los pueblos del Mediterráneo. Amalfi disfruta de una privilegiada situación entre el mar y la montaña, lo que resulta atractivo para muchos visitantes que pueden elegir entre los distintos entretenimientos. Merece la pena descubrir el pueblo paseando por los callejones encalados y observando la arquitectura de sus casas blancas.

LO QUE HAY QUE VER EN AMALFI

❚ ANTICHI ARSENALI ✱✱

Desde el año 2010 se puede visitar el **museo della Bussola e del Ducato di Amalfi,** donde se halla perfectamente documentada la historia de la República Marinera de Amalfi. Además de la exposición permanente hay muestras temporales y se organizan otras actividades como conciertos y conferencias.

❚ DUOMO ✱✱✱

Por una llamativa e inclinada escalera se accede a la galería porticada de la **catedral de Sant'Andrea,** el edificio más visitado situado en el centro del pueblo. En el año 987 y por orden del duque Mansone se construyó la **cappella del Crocifisso,** que era la catedral vieja. Al lado se levantó el Duomo actual, que sustituyó y envolvió a la iglesia anterior, uniendo los dos edificios mediante un pórtico. El edificio es del siglo XI, pero la fachada se desplomó en 1861 y se terminó de reconstruir en 1894.

En la **fachada** destaca el bello mosaico de Domenico Morelli y las columnas y los arcos de la base. Desde el pórtico se accede a la iglesia por una magnífica puerta bizantina de bronce; el interior es totalmente barroco debido a la reestructuración llevada a cabo en el siglo XVIII.

Por otra puerta, pero también desde el mismo pórtico, se entra en el **Chiostro del Paradiso,** construido en el siglo XIII como cementerio de personajes insignes de la ciudad; desde el claustro se puede

• • • • • • • •

✉ Largo Cesareo Console 4
☎ 089 873 62 22
🕐 En verano, todos los días de 10 h a 20 h. Resto del año, de 10 h a 18/19 h; cierra el lunes
🎫 3 €.
💻 www.arsenaledimalfi.it

• • • • • • • •

✉ Piazza Duomo
☎ 089 871 324
🕐 De 10 h a 17 h
🎫 3 €.
💻 museodiocesanoamalfi.it

pasar a la primera y vieja catedral, la iglesia del Crocifisso, que hoy alberga el **Museo del Duomo**; en la **cripta** se conservan reliquias de Sant'Andrea, patrón de la ciudad.

| MUSEO DELLA CARTA ★★★

El Museo del Papel lo fundó en 1969 el dueño de esta fábrica, Nicola Milano, miembro de una familia dedicada a la producción de papel en Amalfi. La visita guiada a esta papelería del siglo xv es muy amena; consiste en un interesante recorrido por la

▼ Vista de la torre y la escalera que conduce al Duomo de Amalfi.

✉ Via delle Cartiere 23
☎ www.museodellacarta.it
◷ De marzo a octubre, de 10 h a 18.20 h; de noviembre a febrero de 10 h a 16.30 h y lunes cerrado

UN PASEO EN COCHE

De Amalfi a Vietri sul Mare

Distancia
22 km

Duración
Menos de una hora

Punto de inicio
Amalfi

Punto de llegada
Vietri Sul Mare

▲ Baldosín de cerámica en Vietri sul Mare.

❙ Siguiendo la costa desde Amalfi, en dirección a Salerno, después de dejar Atrani, se halla **Minori**, la antigua *Reginna Minor,* que ha llegado a elaborar productos que se podían vender en la zona: barcos, papel, limones y pasta. Fue el lugar elegido por un rico romano para construir la famosa **Villa Romana**, que es un extraño ejemplo de villa marítima.

El pueblo siguiente es **Maiori**, *Reginna Maior,* el lugar con la **playa** más grande de toda la costa que lo convierte también en bastante turístico; en los años cincuenta del siglo xx sufrió una gran inundación que lo destruyó casi por completo. Ese espacio se aprovechó para construir apartamentos turísticos casi en primera línea de playa, por eso es uno de los preferidos por muchas familias.

❙ Muy cerca de aquí, elevada en una roca, se halla la **abadía de Santa Maria Olearia**, un monasterio medieval que alberga en su interior valiosos frescos.

Al lado de Maiori, Capo d'Orso separa con sus peñascos el Valle di Tramonti de **Cava dei Tirreni**, donde merece la pena visitar la **abadía** benedictina **de la Santísima Trinidad**.

historia del papel con explicaciones sobre la técnica empleada para hacerlo a mano; es interesante la reconstrucción que hacen del ciclo completo de fabricación, además de todo el mecanismo puesto en movimiento gracias a la energía que produce el molino.

❙ ATRANI ★★

Situada al lado de Amalfi, a la que estuvo unida hasta el siglo xvi, es el pueblo más pequeño de Italia, como se puede leer en un cartel que se encuentra en el camino de Amalfi a Atrani. Es un lugar con un encanto especial, quizá por su arquitectura, la cual ha sabido mantener las características más típicas de las casas de la costa.

El centro de Atrani es la **Piazza Umberto I**, situada debajo de la carretera y separada del pueblo por las arcadas típicas de estos pueblos. En la plaza se halla la pequeña y blanca **iglesia de San Salvatore**

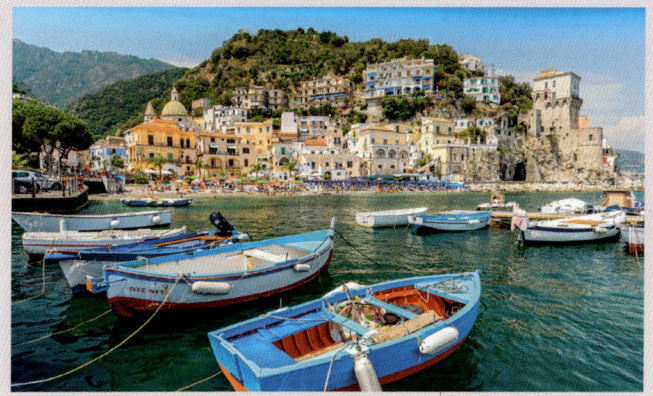

▲ Marina di Cetara

▎Antes de llegar a Vietri se hallan otros dos pueblos. **Erchie,** una pequeña cala de pescadores, también con una torre de defensa y **Cetara,** dedicado a la pesca del pescado azul, especialmente atún. Es conocido por sus anchoas y por su apreciada salsa, la *colatura di alici.*

Vietri sul Mare es una ciudad fundada por los etruscos los cuales introdujeron la cerámica. Sus calles son una exposición interminable de piezas entre las que destacan la **cúpula** de mayólica de la **iglesia de San Giovanni Battista,** fuentes y fachadas de comercios. A pocos kilómetros del centro se halla el **Museo della Ceramica.**

de Bireto, construida en el siglo x y reformada en el xix; de la original solo queda la puerta de bronce y en el interior, el paramento de mármol del altar del siglo xii. En la parte de arriba del pueblo se halla la **colegiata de Santa Maria Maddalena,** que aunque es del siglo xiii, presenta un aspecto barroco; su llamativa torre domina la parte más oriental de la localidad.

▎POSITANO ✶✶

Como muchos pueblos de la costa, Positano quedó arruinado en el siglo xii por los ataques de los pisanos y fue reconstruida de manera caótica. El resultado ha sido un pueblo maravilloso que muchos quieren disfrutar. Amalfi y Positano son los lugares más visitados de la Costa Amalfitana. Sus bonitas casas de colores con los característicos pórticos de arcos que miran al mar son buenos ejemplos de la arquitectura de la costa. Las estrechas e irregulares

• • • • • • • •

▢ https://comune.positano.
sa.it

¿Sabías que...?

En Positano, la vista desde el mar de sus casas de colores escalonadas en la montaña es una de las estampas más conocidas de toda la costa; Positano es un vistoso pueblo construido verticalmente y arropado por la rica vegetación mediterránea.

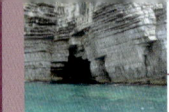

callejuelas, algunas cubiertas de buganvillas –llenas de tiendas de ropa, hoteles y bares–, descienden entre las casas y desembocan en la **Marina Grande,** la playa grande. Desde aquí la vista es bellísima tanto hacia el mar como hacia el pueblo. Otras **playas** de Positano son las de Fornillo, Fiumicello y Arienzo.

En la plaza principal está la **iglesia de Santa Maria Assunta,** del siglo XIII, cuya cúpula, revestida de mayólica de colores, se ve desde todos los rincones.

SCALA **

Situada enfrente de Ravello, Scala es la ciudad más antigua de la Costa Amalfitana. Ha vivido épocas de mucha riqueza perdida por diferentes causas: guerras, invasiones y desastres naturales. En la Edad Media fue sede episcopal y llegó a ser tan importante que sus influencias comerciales y las de sus nobles se extendieron por los reinos de toda la Italia central. Los restos de torres, palacios, monasterios e iglesias son el testimonio de su antiguo esplendor.

Su **Duomo** es del siglo X y en su interior destaca el suelo de barro cocido y mayólica napolitana del siglo XIX; detacan el **Palazzo Mansi D'Amelio,** una noble casa del siglo XIII conocida como *Domus Nobile* en la que a los elementos medievales se añadió su fachada neoclásica; y el **Palazzo Mansi,** el antiguo

▼ Vista de la amalfitana ciudad de Scala.

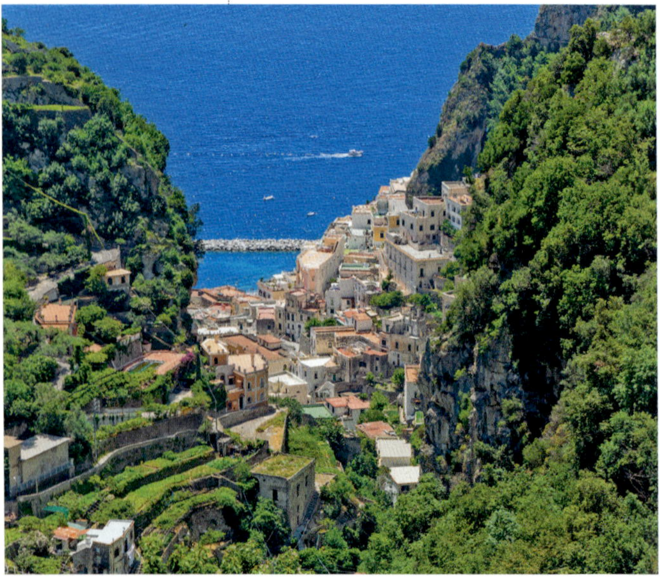

De Positano a Amalfi

Distancia
18 km

Duración
Una media hora

Punto de inicio
Positano

Punto de llegada
Amalfi

▶ Fiordo de Furore.

La Costa Amalfitana es uno de los espectáculos más maravillosos vistos desde el mar. Su entorno resulta tan extraordinario como el arte en sus ciudades.

Irrepetibles los paseos en barco, el único modo de poder disfrutar de lugares como el **Fiordo de Furore,** un pueblo situado en la montaña, pero con un pedazo de costa increíble, su famoso fiordo.

Cerca, la **Grotta dello Smeraldo** recibe ese nombre por el color de sus aguas, situada muy cerca de **Conca dei Marini,** un pueblo dominado por una torre del siglo XVI, una de las muchas que hay a lo largo de la costa construidas para evitar las incursiones de los sarracenos y que fue utilizada como cementerio.

La **playa del Duoglio** o las aguas transparentes de la **playa de Santa Croce** también merecen ser visitados para disfrutar la vista de su arco natural.

La **Marina di Praia** es una playa excavada entre dos paredes rocosas en **Praiano,** conocido por su torre y por la gran cantidad de *edicole votive* –imágenes de vírgenes o santos pintados sobre mayólica.

palacio episcopal, del que quedan restos originales del patio interior y una capilla con suelo de mayólica.

En la pequeña plaza de **Minuta,** uno de los pueblos que pertenecen a Scala, se halla la **iglesia dell' Annunziata** y la **basílica de San Eustachio**. Minuta y **Pontone** son los dos núcleos de Scala que conservan bien su carácter medieval; este último se dedicaba a la lana y estaba totalmente amurallado y fortificado como se puede apreciar con la famosa **Torre dello Ziro,** de finales del siglo xv, desde donde se puede disfrutar de un bello panorama.

▼ Piazza del Duomo en Ravello.

❙ RAVELLO (▶32)   ★★★

▌Salerno

Es la mayor ciudad de la costa tras Nápoles y sede de una de las universidades de la Campania. En sus orígenes están griegos, etruscos y romanos y en el centro histórico hay restos de sus épocas de mayor esplendor bajo el dominio de lombardos y normandos. Hoy el puerto juega un importante papel en el desarrollo económico de la ciudad combinando arquitectura antigua y moderna.

▌DUOMO ★★★

Situada en el casco antiguo está dedicada a San Mateo. Fue construida a finales del siglo XI por mandato del normando Roberto I il Guiscardo, e inaugurada por el papa Gregorio VII, cuya tumba se halla en una de las capillas. A causa de la rapidez con que fue construida y al hundimiento del terreno consecuencia de numerosos temblores, sufrió diversas reconstrucciones, la más significativa en 1688. Su interior alberga **doce capillas** decoradas con obras de Francesco Solimena y el sepulcro de la reina Margarita de Durazzo. Al fondo de la nave lateral se halla el acceso a la **cripta,** construida como sepulcro de las reliquias de San Mateo y de otros mártires de la ciudad. Los frescos del techo son obra de Belisario Corenzio y representan escenas del Evangelio de San Mateo, además de algunos episodios de historia de Salerno. Su visita merece la pena.

- ✉ Piazza Alfano I
- ☎ 089 231 387
- 🖥 www.cattedraledisalerno.it
- 🕐 De 9.30 h a 18.30 h

▌MUSEO DIOCESANO ★★

Una muestra que ilustra la historia del arte religioso salernitano desde la Edad Media hasta el siglo XVIII, donde destacan las 54 escenas de un **retablo** que representan parte del Antiguo y Nuevo Testamento.

- ✉ Largo Plebiscito 12
- 🖥 www.museodiocesano disalerno.it
- 🕐 De 9.30 h a 18.30 h
- 💶 10 € (Catedral, museo y San Giorgio)

▌MUSEO ARQUEOLÓGICO PROVINCIAL ★★

Lo que antes era un convento, el de San Benedetto, se ha convertido en el museo arqueológico en el que se exponen piezas procedentes de la provincia ordenadas cronológica y topográficamente. El museo consta de un lapidario expuesto en el jardín y de diferentes secciones con restos de la prehistoria, edad del hierro, época etrusca y de la antigua ciudad romana de Salerno.

- ✉ Via San Benedetto 28
- ☎ 089 231 135
- 🕐 De 9 h a 19.30 h; lunes cerrado
- 💶 5 €
- 🖥 www.museoarcheologico salerno.it

▌CASTELLO DI ARECHI ★★

Construido en el siglo VII por el lombardo Arechi II sobre el monte Bonadies, tiene unas preciosas vistas panorámicas de la ciudad y del golfo. En el interior hay un museo con hallazgos, cerámica y monedas.

- ✉ Località Croce
- 🖥 www.ilcastellodiarechi.it
- 🕐 De martes a sábado de 9 h a 17 h; domingo de 9 h a 15.30 h; lunes cerrado
- 💶 4 €

Dónde...

Restaurantes

NÁPOLES

A Canzuncella (M)
Ofrece cocina tradicional napolitana mientras se disfruta del espectáculo; muy frecuentado por políticos, deportistas y gente famosa.

- ✉ Via Atri 32
- ☎ 338 765 9333
- ⊘ Cierra el miércoles
- 🚌 3M, 139, 168, 178, 182, Museo

Al 53 (E)
Buena comida en una de las plazas más céntricas.

- ✉ Piazza Dante 53
- ☎ 081 549 9372
- 🚌 Dante

Antonio & Antonio (E)
Además de un restaurante con una carta de comida tradicional, también ofrece una gran variedad de pizzas.

- ✉ Via Partenope, 26
- ☎ 081 245 1987
- 🌐 https://antonioeantonio.it
- 🚌 N1

Antica Latteria (E)
Uno de los mejores restaurantes de la ciudad. Ofrecen platos típicos de excelente calidad con un buen servicio y ambiente agradable.

- ✉ Vico II Alabardieri 30
- ☎ 081 012 8775
- ⊘ Cierra domingo noche
- 🚌 140, 141

Bellini (E)
Un clásico del centro histórico donde se come muy bien. En verano tiene una agradable terraza.

- ✉ Via Santa Maria di Costantinopoli, 80
- ☎ 081 459 774
- ⊘ Cierra domingo noche
- 🚌 Dante y Museo

Cantina della Tofa (E)
Situado en el pintoresco Quartieri Spagnoli ofrecen platos sencillos cocinados de forma tradicional.

- ✉ Vico Tofa 71
- ☎ 081 410 7003
- ⊘ Cierra lunes
- 🚌 F3 y R2

Brandi (E)
Merece la pena entrar en esta pizzería y tomar una *pizza margherita* en el lugar donde se inventó en 1889; los dueños son muy agradables y el local tiene buen ambiente.

- ✉ Sta Anna di Palazzo 1-2
- ☎ 081 416 928
- 🌐 https://pizzeriabrandi.com
- ⊘ Cierra el lunes
- 🚌 E6

D'Angelo (C)
Situado en dos pisos con terrazas en las que se disfrutan de unas increíbles vistas al golfo. Es un restaurante elegante donde sirven exquisitos platos de pescado.

- ✉ Via Aniello Falcone 203
- ☎ 081 578 9772
- 🌐 www.dangelosanta caterina.com
- 🚌 128

George Restaurant (C)
Es el distinguido restaurante del *Grand Hotel Parkers*, situado en un lugar más que privilegiado. Su cocina está a la altura de todo lo demás. Muy buena calidad y excelentes vinos.

- ✉ Corso Vittorio Emanuele 135
- ☎ 081 761 2474
- 🌐 www.george restaurant.it
- ⊘ Cierra lunes y domingo
- 🚌 C16 y F2

Ciro Borgo Marinari (C)
Situado a los pies del Castel dell'Ovo, este restaurante es uno de los locales clásicos en el agradable entorno del lungomare. Además del *antipasto* de pescado, la pasta con almejas y calabacín así como el risotto con pescado son su especialidad.

- ✉ Via Luculliana 29
- ☎ 081 764 6006
- ⊘ Cierra los miércoles

Mimì Alla Ferrovia (M)

Como si fuera una *brasserie* de París, este elegante restaurante sirve buenos platos de pescado. Buena carta de vinos.

- ✉ Via Alfonso d'Aragona 19
- ☎ 081 553 8525
- 🖱 www.mimialla ferrovia.it
- 🕐 Cierra el domingo
- 🚌 151

Amici Miei (M)

Platos tradicionales de muy buena calidad. Ofrece un menú napolitano tradicional.

- ✉ Via Monte di Dio 78
- ☎ 081 764 6063
- 🖱 www.ristoranteamici miei.com
- 🕐 Cierra lunes y domingo noche
- 🚌 E6

La Taverna Del Buongustaio (E)

Una pequeña y acogedora taberna que sirve comida casera muy sabrosa.

- ✉ Via Basilio Puoti 8
- ☎ 081 551 2626
- 🕐 Cierra domingo noche
- 🚌 N3

Fratelli Cafasso (E)

Junto con la *Pellone* es una de las pizzerías preferidas por los napolitanos. Como casi todas las pizzerías auténticas, la decoración del local no es muy bonita.

- ✉ Via Giulio Cesare 156
- ☎ 081 239 5281
- 🕐 Cierra el domingo
- 🚌 N1 y N2

Pellone (E)

Aunque la pizzería está cerca de la estación de tren, una zona por la que no apetece pasear, las pizzas aquí son buenísimas y muchos napolitanos la frecuentan.

- ✉ Via Nazionale 93
- ☎ 081 553 8614
- 🖱 www.pellonepizzeria.it
- 🕐 Cierra el domingo
- 🚌 N5, C91 y R5

Pizzería Da Michele (E)

Otra de las pizzerías tradicionales que no dispone de muchas opciones, pero están muy ricas la *marinara* y la *margherita*.

- ✉ Via Cesare Sersale 1-3
- ☎ 081 553 9204
- 🖱 www.damichele.net
- 🚌 R2

Antica Pizzeria Port'Alba (E)

Con más de dos siglos de historia a su espalda es la pizzería más antigua de Nápoles aunque probablemente conoció tiempos mejores.

- ✉ Via Port'Alba 18
- ☎ 081 459 713
- 🖱 www.antica pizzeriaport alba.com
- 🕐 Cierra martes
- 🚌 Dante

Gino e Toto Sorbillo (E)

Para quien quiera comer una pizza rápida por la parte vieja de la ciudad esta pizzería es uno de los sitios más concurridos, por algo será.

- ✉ Via dei Tribunali 32
- ☎ 081 446 643
- 🖱 www.sorbillo.it
- 🕐 Cierra domingo noche
- 🚌 Dante

Di Matteo (E)

En esta pequeña pizzería, durante las reuniones del G7 en Nápoles, Clinton quiso probar la pizza; siempre está llena.

- ✉ Via dei Tribunali 94
- ☎ 081 455 262
- 🕐 Cierra el domingo
- 🖱 https://anticapizzeriadi matteo.it
- 🚌 N4 y C63

Umberto (C)

Ofrece una buena carta de cocina creativa y a la vez tradicional. Está considerado un local histórico de Italia.

- ✉ Via Alabardieri 30-31
- ☎ 081 418 555
- 🕐 Cierra el lunes a mediodía
- 🖱 www.umberto.it
- 🚌 E6

A Fenestella (C)

Situado en un bello lugar de la zona de Posillipo, ofrece platos típicos napolitanos cocinados con mucho mimo para saborear desde la terraza mirando al mar.

- ✉ Via Marechiaro 23
- ☎ 081 769 0020
- 🖱 www.ristoranteafenes tella.it
- 🕐 Cierra el martes
- 🚌 140, C1, C21, C31

Precio

Los precios se refieren a una comida o una cena fuera del menú. Es decir, a dos platos, postre, y vino. La comida puede salir mucho más barata, si se come con agua o con el vino local, del que disponen casi todos los restaurantes; pero también se puede disparar con un vino más exquisito. El sistema de propinas es el mismo que en España. Conviene exigir siempre la factura y comprobarla.

E = hasta 25 €
M = entre 25-50 €
C = más de 50 €

Horarios

Acostumbran a comer a las 13 h y a cenar a las 20 h y en muchos alojamientos se respeta este horario. Sin embargo, los restaurantes son más flexibles, sobre todo en verano.

Campi Flegrei

Villa Rosalia Bacoli (M)
Muy buena cocina regional en un local amplio en el que se suelen organizar grandes banquetes. El pescado es siempre fresco.
- ✉ Via Cuma 322, Bacoli
- ☎ 081 868 7906

Garibaldi (C)
Un restaurante con más de cien años, situado en la Marina Grande del pueblo que ofrece exquisitos platos de pescado y una buena carta de vinos locales y del resto de Italia.
- ✉ Via Spiaggia 36, Bacoli
- ☎ 081 523 4368
- 🖰 www.ristorantegaribaldi.it

La *sfogliatella*, el postre de Nápoles

Se cuenta que comerse una *sfogliatella* es suficiente para saber muchas cosas sobre los napolitanos. Comerla es fácil, pero hacerla es otro cantar; para quien se atreva, en la página www.sfogliatella.it pueden aprender la receta, además de otros detalles como la historia e incluso las calorías que proporcionan cien gramos de este pastelito.

Viva lo Re Vineria
Una *osteria* situada en una villa de Vanvitelli en la que se pueden comer platos de excelentes embutidos, quesos italianos y risottos acompañados de buen vino. También tienen habitaciones.
- ✉ Corso Resina 261, Herculano
- ☎ 081 739 0207
- 🖰 www.vivalore.it

Il Principe (C)
Un elegante restaurante para quien desee darse un homenaje después de visitar Pompeya al lado de algunos famosos nacionales e internacionales. Mosaicos y frescos pompeyanos decoran los refinados salones de este local. Todos los platos son exquisitos.
- ✉ Via Colle S. Bartolomeo, 4, Pompeya
- ☎ 081 850 5566
- ⏰ Cierra los domingos por la noche

Mister Steak (M)
Un local donde caben todos los gustos y que tiene como aliciente un menú diario a buen precio.
- ✉ Via Mariano Boffa 14, Pozzuoli
- ☎ 081 1936 9651
- 🖰 https://mistersteak.eatbu.com
- ⏰ Cierra al mediodía, excepto domingo, domingo por la noche y lunes

Taverna Brudi (M)
Esta taberna es un local estupendo para saborear una gran variedad de platos, especialmente los de pescado. Muy buen servicio.
- ✉ Via Alfonso Artiaco 65, Pozzuoli
- ☎ 081 526 8254
- ⏰ Cierra al mediodía, excepto fin de semana, domingo noche y miércoles

La Locanda dei Lazzari (C)
Caro pero excelente presentación y creatividad en los platos de pescado que sirve su magnífico cocinero en este acogedor local.
- ✉ Via Marino Boffa 12, Pozzuoli
- ☎ 081 853 0803
- ⏰ Cierra al mediodía, excepto fines de semana, domingo noche y lunes

Península Sorrentina

Il Buco (C)
Escondido entre los típicos rincones de la ciudad, se halla este restaurante tradicional y a la vez elegante que dispone de una terraza para comer fuera en verano. La cocina es muy buena y dispone de una amplia carta de vinos. Productos de temporada.
- ✉ Il Rampa Marina Piccola, Piazza Sant Antonino 5, Sorrento
- ☎ 081 878 2354
- 🖰 www.ilbucoristorante.it
- ⏰ Cierra lunes al mediodía y miércoles

O Parrucchiano La Favorita (M)
Toda una institución en la ciudad, este restaurante, situado en varios niveles, ofrece buena comida tradicional napolitana. Dispone de un bonito y agradable jardín.
- ✉ Corso Italia 71, Sorrento
- ☎ 081 878 1321
- 🖰 www.parrucchiano.com

Il Borgo (M)
Para disfrutar de unas buenas vistas mientras se saborea la comida sorrentina, este es uno de los mejores sitios.
- ✉ Via Nastro Verde 44, Sorrento
- ☎ 081 878 1827
- 🖰 www.ristoranteilborgo.it
- ⏰ Cierra al mediodía excepto fines de semana y lunes

Torre del Saracino (C)

Aunque es bastante caro, merece la pena tanto por el entorno y la decoración como por sus platos de pescado y sus vinos.

- ✉ Via Torretta 9, Vico Equense
- ☎ 081 802 8555
- 🖥 https://torredel saracino.it/
- ⊙ Cierra el lunes, el martes al mediodía y el domingo por la noche

Las islas

Da Gemma (M)

Antes situado en el centro histórico, en 2017 se trasladó a Marina Grande, donde cuenta con una magnífica vista del golfo de Nápoles. Combina la tradición de tres generaciones con la modernidad.

- ✉ Via Marina Grande, Capri
- ☎ 081 277 9056
- 🖥 https://dagemma.com

La Capannina (C)

Muy cerca de la Piazzetta, aquí también han comido muchos personajes de la *jet-set*. Sus productos frescos y su gran selección de vinos son un buen motivo para elegir este restaurante.

- ✉ Via Le Botteghe 14, Capri
- ☎ 081 837 0732
- 🖥 www.capanninacapri.com

Faraglioni (C)

Una institución en la isla de Capri. Un bonito lugar para comer o cenar espaguetti con erizo y centollo, o risotto al limón, platos típicos de la cocina caprese.

- ✉ Via Camerelle 75, Capri
- ☎ 081 837 0320
- 🖥 www.faraglioni.com

Il Riccio (C)

Un exclusivo restaurante situado sobre el mar, justo encima de la Grotta Azzurra, es un lugar magnífico para comer marisco y disfrutar de los excelentes vinos que ofrecen. Excelente decoración en un ambiente tradicional de azul mediterráneo.

- ✉ Via Gradola 4-6, Grotta Azzurra, Anacapri
- ☎ 081 837 1380
- 🖥 www.jumeirah.com

Il Focolare (M)

Es un negocio familiar donde colaboran todos los miembros de una familia de viticultores, desde los abuelos a los jovenes. Han recibido un gran número de premios por la calidad de sus platos y la conservación de las tradiciones de la isla.

- ✉ Via Cretajo al Crocefisso 3, Barano d'Ischia
- ☎ 081 902 944
- 🖥 www.trattoriailfocolare.it

Peppina di Renato (M)

A este local situado en una colina se viene a comer alguna de sus ricas especialidades; destacan sobre todo sus *bruschette*, mozzarella rellena de rúcula y la flor de calabacín.

- ✉ Via Montecorvo 42, Forio, Ischia
- ☎ 081 998 312
- 🖥 www.trattoriadapeppina.it

Cocó (M)

Sirven comida casera y platos tradicionales acompañados de buen vino local. Postres caseros muy apetecibles.

- ✉ Ponte Aragonese 1, Ischia Ponte
- ☎ 081 981 823
- ⊙ Cierra miércoles al mediodía

Ristorante Alberto (C)

Casi encima del mar, este increíble lugar tiene una terraza a la playa con unas vistas maravillosas tanto de día como de noche. Cocina tradicional y amplia selección de vinos en un ambiente elegante y tranquilo.

- ✉ Lungomare Cristoforo Colombo 8, Ischia Porto
- ☎ 081 981 259

Caracalè (M)

En la Marina más bonita de todas las islas, este restaurante ofrece unos platos de pescado fresco de gran calidad. Tiene también una buena lista de vinos.

- ✉ Via Marina Corricella 62, Prócida
- ☎ 081 896 9192
- ⊙ Cierra los martes

La Pergola (M)

Un lugar agradable con un bonito jardín donde saborear los ricos platos que preparan.

- ✉ Via Salette, 10, Prócida
- ☎ 081 896 9918
- ⊙ Cierra al mediodía y los lunes

La Locanda del Postino (M)

Este restaurante es famoso por la placa que cuelga en la pared y que recuerda que por ahí pasó el protagonista de *Il Postino (El Cartero de Neruda)*. Buena comida servida por gente amable.

- ✉ Via Marina Corricella 43, Prócida
- ☎ 081 304 8167
- 🖥 www.locandadel postino.com

COSTA AMALFITANA

Amalfi

La Caravella (C)

Muy cerca de la plaza del Duomo, este estupendo restaurante es uno de los más conocidos de la Costa Amalfitana. Sus platos son muy apreciados por la prensa gastronómica. Por sus salones han pasado muchos famosos desde los años sesenta hasta hoy.

- ✉ Via Matteo Camera 12
- ☎ 089 871 029
- 🖥 www.ristorantela caravella.it
- ⊙ Cierra los martes

Luna Convento (C)

Del hotel del mismo nombre. Sus comedores y terrazas con espléndidas vistas son perfectos sobre todo a la hora de la cena. Su cocina es sencilla y de calidad, así como su bodega.

- ✉ Via Pantaleone Comite 33
- ☎ 089 871 002
- 🖥 www.lunahotel.it

Pizzería Il Teatro (E)

En una calle estrecha donde corre siempre el aire, se encuentran las mesas en verano, un lugar muy solicitado sobre todo cuando hace mucho calor. Un buen sitio para comer pescados y pizzas.

- ✉ Via E. Marini 19-21
- ☎ 089 872 473
- 🖥 www.ilteatroamalfi.it
- 🕐 Cierra el miércoles

Taverna Buonvicino (C)

En una placita que es como un cruce de caminos entre las callejuelas de Amalfi, está el *Buonvicino*, un restaurante que prepara platos sencillos muy sabrosos. También organizan catas de vinos, eventos gastronómicos y literarios.

- ✉ Largo Santa Maria Maggiore 1
- ☎ 089 873 6385

Il Chiostro (M)

Su terraza está situada a un lado de la larga escalera que sube al Duomo. Merece la pena dar una vuelta por el interior del restaurante. Está lleno de detalles preciosos aunque el servicio es bastante mejorable.

- ✉ Via dei Prefetturi 2
- ☎ 089 873 380
- 🖥 www.leggimenu.it
- 🕐 Cierra el domingo

Antica Trattoria Barracca (E)

Constituye el típico restaurante turístico en el centro de Amalfi, donde todo está perfecto: la comida, el vino y el servicio. Los dueños son muy simpáticos.

- ✉ Piaza dei Dogi 12
- ☎ 089 984 0043
- 🖥 www.anticatrattoria barracca.it

La Terraza del Cardinale (M)

Correcto, elegido por muchos para grandes celebraciones. En su carta destacan las recetas tradicionales y los platos internacionales.

- ✉ Salita Tuoro 10
- ☎ 089 831 946
- 🖥 www.villafeliceamalfi.it

Atrani

A'Paranza (M)

Los dueños de este local preparan platos exquisitos siguiendo las recetas de la comida tradicional amalfitana, muy variada y con platos de pescado siempre fresco.

- ✉ Traversa Dragone 1
- ☎ 089 871 840
- 🖥 www.ristorante paranza.com
- 🕐 Cierra el martes

Le Arcate (M)

Un gran restaurante, situado a un lado de la playa desde donde se puede admirar el bonito pueblo de Atrani, casi envuelto por las rocas. La comida es deliciosa, sobre todo los platos de pescado y la pasta. Cuenta con una buena carta de vinos. El trato de los dueños es excelente.

- ✉ Largo Orlando Buonocore
- ☎ 089 871 367
- 🖰 www.learcateatrani.it
- ◉ Cierra el lunes

Minori

Il Giardiniello (C)

Es un lugar encantador tanto en el interior como en el exterior. La cocina cuidada y exquisita de este restaurante hace que sea uno de los mejores de este lado de la costa.

- ✉ Corso Vittorio Emanuele 17
- ☎ 089 877 050
- 🖰 www.ristorante giardiniello.com
- ◉ Cierra el lunes

Positano

Il San Pietro (C)

Distinguido y elegante establecimiento de la costa. Muy bien situado, *Il San Pietro* es uno de los más reputados de la zona. Su cocinero prepara deliciosos platos de pescado y pasta.

- ✉ Via Laurito 2
- ☎ 089 812 080
- 🖰 www.ilsanpietro.it

La Buca di Bacco (C)

Es un clásico en Positano, donde lleva muchos años dedicado a la hostelería; ahora, además de cocinar, quienes se alojen en el hotel pueden recibir clases de cocina.

- ✉ Via Rampa Teglia 4
- ☎ 089 875 699
- 🖰 www.bucadibacco.it
- ◉ Cierra al mediodía

La Sponda (C)

Es el restaurante del exclusivo hotel *La Sirenuse* y su cocina tiene una estrella Michelin. Pescado fresco, verdura de estación, limones y quesos son los excelentes ingredientes con los que prepara sus platos.

- ✉ Via Cristoforo Colombo 30
- ☎ 089 875 066
- 🖰 https://sirenuse.it

Il Ritrovo (M)

Cocina tradicional de la costa preparada con esmero por el cocinero y propietario del restaurante. Cursos de cocina.

- ✉ Piazza Capella 3
- ☎ 089 875 453
- 🖰 www.ilritrovo.com
- ◉ Cierra miércoles y sábado al mediodía y domingo

Lo Guarracino (M)

Un lugar espléndido para comer de camino a la playa del Fornillo. El pescado, la pasta y sus vinos locales nunca decepcionan.

- ✉ Via Positanesi d'America 12
- ☎ 089 875 794
- 🖰 www.loguarracino positano.it

Ravello

Hotel Villa Maria (C)

Un jardín exquisito, con unas vistas maravillosas y un ambiente cuidadísimo es lo que rodea a las mesas de este restaurante. En la creación de sus platos utiliza los productos que da su propio huerto.

- ✉ Via S. Chiara 2
- ☎ 089 857 255
- 🖰 www.villamaria.it

Cumpà Cosimo (M)

Una agradable trattoria familiar, donde es necesario reservar. La dueña es encantadora. La carne es excelente y el plato estrella es un surtido de pasta preparada de varias maneras. Productos de cosecha propia, incluido el vino.

- ✉ Via Roma 44
- ☎ 089 857 156

Salerno

Del Golfo (M)

Uno de más antiguos de Salerno. Comida tradicional de la zona acompañada de buen vino.

- ✉ Via Porto 57
- ☎ 089 231 581
- 🖰 www.ristorante delgolfo.com
- ◉ Cierra domingo noche

Antica Pizzeria del vicolo della Neve (E)

Pizzas y platos típicos de la zona, como el bacalao con patatas y la pasta.

- ✉ Vicolo della Neve 24
- ☎ 089 701 2684
- 🖰 www.vicolodellaneve salerno.it

La Risacca: desayuno, comida, cena y...

Este es el lugar para cualquier momento del día. Sus simpáticos dueños, Lello y Andrea, hacen que todo esté siempre bien. El desayuno en la plaza es tranquilo –todavía se está despertando el pueblo, pero La Risacca ya está abierta–, algo más sosegado que la hora del aperitivo, cuando todo el mundo llega de la playa y las sillas se mueven y cada vez hay más gente alrededor de las mesas. Preparan ricos platos de pasta por si alguien necesita comer algo más que un bocado y tienen una buena carta de cócteles que

Se puede encontrar fácilmente en la bonita Piazza Umberto I de **Atrani** (telf. 089 872 866).

Alojamientos

NÁPOLES

Grand Hotel Parker's (C)
Un lujoso hotel en un palacio del siglo XIX en el que además de alojarse se puede disfrutar de las numerosas obras de arte originales que contienen sus salones. Las habitaciones tienen muebles antiguos y todo está cuidado al detalle.
- ✉ Corso Vittorio Emanuele 135
- ☎ 081 761 2474
- 🖥 www.grandhotelparkers.it
- 🚇 Amedeo
- 🚌 128, 627 y C16

Grand Hotel Vesuvio (C)
Hotel distinguido y lujoso ubicado en un palacio de 1882, muy bien situado. Dispone de todo lo necesario para conseguir que sus huéspedes pasen una estancia agradable.
- ✉ Via Partenope 45
- ☎ 081 764 0044
- 🖥 www.vesuvio.it
- 🚌 128, E6

Hotel Paradiso (M)
Alojamiento de la cadena hotelera *Best Western,* el *Paradiso* tiene unas buenas vistas del Vesubio. Las habitaciones son sencillas pero con todas las comodidades que tiene un hotel de su categoría.
- ✉ Via Catullo 11
- ☎ 081 247 5111
- 🖥 www.hotelparadiso napoli.it
- 🚌 F4

Pinto Storey (M)
Situado en el barrio de Chiaia en un bonito edificio, cuenta con 16 habitaciones sencillas pero decoradas con mucho gusto.
- ✉ Via G. Martucci 72
- ☎ 081 681 260
- 🖥 www.pintostorey.it
- 🚇 Amedeo
- 🚌 627 y 128

Grand Hotel Santa Lucia (C)
Un gran hotel decorado en estilo *Liberty* y cuidado hasta el mínimo detalle. Sus habitaciones son muy amplias; las mejores y más caras son las que dan al mar.
- ✉ Via Partenope 46
- ☎ 081 764 0666
- 🖥 www.santalucia.it
- 🚌 128, 154, N1, E6

Chiaja Hotel de Charme (M)
El hotel se halla en lo que en otro tiempo fue la elegante vivienda del marqués Nicola Lecaldano Sasso. Tiene 27 habitaciones y cada una de ellas con nombre propio.
- ✉ Via Chiaia 216
- ☎ 081 415 555
- 🖥 www.hotelchiaia.it
- 🚌 E6

San Marco (M)
Está muy bien situado, cerca del puerto y del casco histórico. Sus habitaciones son correctas y funcionales.
- ✉ Calata San Marco 26
- ☎ 081 552 0338
- 🚌 N1, N3, R2

NH Napoli Panorama (M)
Este edificio de 30 pisos destaca por su altura en plena zona monumental. Habitaciones propias de la cadena NH con vistas al golfo de Nápoles.
- ✉ Via Medina 70
- ☎ 081 410 5111
- 🖥 www.nh-hotels.com
- 🚌 Università, N1, N3 y R2

Palazzo Alabardieri (M)
Los salones y las habitaciones de este hotel son tan agradables como el bonito palacio que las alberga, desde las clásicas y más sencillas hasta la más lujosa junior suite.
- ✉ Via Alabardieri 38
- ☎ 081 415 278
- 🖥 www.palazzoalabardieri.it
- 🚌 E6

Best Western Hotel Plaza (M)
Ocupa el interior de un palacio del siglo XIX. Ha sido restaurado hace poco y dispone de 56 habitaciones.
- ✉ Piazza Principe Umberto I, 23
- ☎ 081 563 6168
- 🖥 www.bestwestern.com
- 🚌 151, 202, 254, 460, N1

Duomo (E)
Un alojamiento muy bien situado en el casco viejo de la ciudad. Las habitaciones son amplias y limpias.
- ✉ Via Duomo 228
- ☎ 081 265 988
- 🖥 www.hotelduomonapoli.it
- 🚌 N1, N3 y R2

Caravaggio (E)
El hotel es sencillo pero su ubicación es muy cómoda para visitar la parte antigua de la ciudad. Sus habitaciones son agradables y algunas disponen de un pequeño balcón.
- ✉ Piazza Cardinal Sisto Riario Sforza 157
- ☎ 081 447 096
- 🖥 www.caravaggiohotel.it
- 🚇 Museo
- 🚌 C52 y N4

Hotel Europeo & Flowers (E)
En realidad se trata de dos hoteles, uno en el tercero y otro en el cuarto piso de un palacio. Tiene buenas habitaciones individuales, dobles, triples y cuádruples a buen precio.

✉ Via Mezzocannone
109/c
☎ 081 551 7254
🖥 www.hoteleuropeo
napoli.com
🚇 Università

Neapolis (E)
Perfectamente situado
para quien quiera recorrer
el casco antiguo y alojarse
en una zona animada. Las
habitaciones son sencillas
y el servicio es muy agradable y atento.
✉ Via Francesco
del Giudice 13
☎ 081 442 0815
🖥 https://hotel
neapolis.com
🚇 Dante, Museo

Hotel Toledo (E)
Habitaciones limpias y sencillas en la zona del Quartieri Spagnoli, cerca de la
Via Toledo y del funicular
que sube al Vomero.
✉ Via Montecalvario 15
☎ 081 406 800
🖥 www.hotel
toledo.com
🚇 R2

Des Artistes (E)
Un hotel familiar y sencillo
pero bien situado. Habitaciones correctas con baño
a un buen precio.
✉ Via Duomo 61
☎ 081 1925 5086
🖥 https://sites.google.com/
view/hotel-des-artistes-
naples
🚇 Cavour

Sansevero
Naples (E)
Este hotel está ubicado
en el rascacielos "Ottieri",
ejemplo de construcción
de la posguerra. A pocos
metros de la catedral de
San Gennaro y el Museo
Madre, tiene una excelente
ubicación y un desayuno
excelente.
✉ Via Foria 42
☎ 334 549 8594
🖥 www.sansevero
naples.it

CAMPI FLEGREI

Club Cala Moresca (M)
Es todo un espacio cerra-
do situado en Capo Miseno,
en el que hay piscina, playa
privada y restaurante. Se
pueden dar largos paseos
por el recinto y organizan
actividades para niños. Las
habitaciones son amplias y
sencillas y algunas tienen
las mejores vistas de esta
parte de Nápoles.
✉ Via Faro 44,
Capo Miseno, Bacoli
☎ 081 523 5595
🖥 www.calamoresca.it

Villa Oteri (C)
Una bonita casa de estilo *Liberty* que dispone de agradables habitaciones y un
servicio muy atento. Ubica-
da cerca del mar, ambiente
elegante y refinado. Ofrece
tratamientos de belleza.
✉ Via Miliscola 18, Bacoli
☎ 081 523 4985. Confirmad
su disponibilidad, ya
que en el momento de
actualizar la guia había
cerrado temporalmente

Miglio d'Oro
Park Hotel (C)
Un lujo que se puede dar la
gente que visita Pompeya y
Herculano y que desea pasar
la noche en una villa vesu-
biana. Las habitaciones son
modernas y amplias. Dispone de piscina y salones.

✉ Corso Resina 296,
Herculano
☎ 081 739 9999
🖥 www.migliodoro
parkhotel.it

Giovanna (M)
Sencillo, tranquilo y con
alegres colores han de-
corado este hotelito, una
buena elección para quien
quiera pasar la noche en
Pompeya a un precio razo-
nable. Facilidades de aparcamiento y una ubicación
estrátegica para desplazarse al centro y las visitas.
✉ Viale Unità d'Italia, 18,
Pompeya
☎ 081 850 6161
🖥 www.hotelgiovanna.it

Puteoli Palace (E)
Habitaciones modestas y
limpias con una terraza-
solarium y un bar que abre
en verano y donde se pue-
de tomar algo al atardecer.
✉ Via Campi Flegrei 30,
Pozzuoli
☎ 081 1827 7891
🖥 https://puteolipalace.it

Mini Hotel (E)
Tiene 23 habitaciones a un
precio muy razonable, to-
das con baño. Entre las zonas comunes hay una sala
de lectura y un solarium.
✉ Via San Gennaro Agnano
66, Pozzuoli
☎ 081 526 3223
🖥 https://minihotelnapoli.it

PENÍNSULA SORRENTINA

Grand Hotel Excelsior Vittoria (C)
Está entre los hoteles más lujosos y refinados de la Península Sorrentina. Aquí han dormido muchos famosos que han venido a disfrutar de la ciudad. Las habitaciones están decoradas con todo lujo de detalles.
- ✉ Piazza Torquato Tasso 34, Sorrento
- ☎ 081 877 7111
- 🖰 https://excelsiorvittoria.com

Hotel Tourist (E-M)
Hotel modesto pero bien situado para conocer la ciudad. Habitaciones amplias y sencillas.
- ✉ Corso Italia 315, Sorrento
- ☎ 081 878 2086
- 🖰 www.hoteltourist sorrento.com

Aequa (M)
Buena situación. Tiene piscina además de agradables habitaciones. Es el elegido por muchos para grandes celebraciones.
- ✉ Corso Filangieri 46, Vico Equense
- ☎ 081 801 5331
- 🖰 www.aequahotel.net

LAS ISLAS

Grand Hotel Quisisana (C)
Hotel, termas, centro de belleza y de salud todo en uno. Quien pueda pasar las vacaciones en este hotel no querrá salir de su precioso entorno.
- ✉ Via Camerelle 2, Capri
- ☎ 081 837 0788
- 🖰 www.quisisana.com

Albergo della Regina Isabella (C)
Para quien se lo pueda permitir, es una de las mejores elecciones que se pueden hacer en la isla. El hotel existe gracias al empeño del director de cine Angelo Rizzoli, que en los años cincuenta se quedó prendado del lugar y de sus aguas mágicas. Muy frecuentado por famosos.
- ✉ Piazza Santa Restituta 1, Lacco Ameno, Ischia
- ☎ 081 994 322
- 🖰 www.reginaisabella.com

Villa Brunella (C)
Lujoso y caro hotel situado en la isla de los millonarios. Habitaciones maravillosas en un entorno espectacular.
- ✉ Via Tragara 24/A, Capri
- ☎ 081 837 0122
- 🖰 www.villabrunella.it

Villa Krupp (M)
Uno de los más económicos de Capri. Todas sus habitaciones disponen de balcón o terraza. Desde aquí se accede por la Via Krupp a las playas de Torre Saracena y a la Marina Piccola.
- ✉ Viale Matteotti 12, Capri
- ☎ 081 837 0362
- 🖰 www.villakrupp.com

San Michele (C)
Dispone de habitaciones de diferentes categorías, pero las standard de este hotel, situado en plena naturaleza en un lugar privilegiado, son amplias y tienen terraza.
- ✉ Via G. Orlandi 3, Anacapri
- ☎ 081 837 1427
- 🖰 https://sanmichele-capri.com

Il Monastero (E)
Precios muy interesantes para quien quiera alojarse en un castillo. Tiene 22 habitaciones y una terraza estupenda para desayunar.
- ✉ Castello Aragonese, Ischia Ponte
- ☎ 081 992 435
- 🖰 https://ilmonasterocastello aragoneseischia.com

Grand Hotel Il Moresco (C)
Hotel y spa de lujo en esta isla termal, situado entre pinos y palmeras, en el que se puede disfrutar tanto de su entorno como de sus elegantes salones. Las habitaciones son amplias y luminosas con bonitos suelos de cerámica.
- ✉ Via E. Gianturco 16, Ischia
- ☎ 081 981 355
- 🖰 www.ilmoresco.it

La Casa sul Mare (M)
El mejor para alojarse en la isla es este hotel en el que todas las habitaciones son distintas pero cada una de ella tiene su encanto; dispone de un jardín precioso para desayunar y está atendido por un personal muy simpático.
- ✉ Via Salita Castello 13, Prócida
- ☎ 081 896 8799
- 🖰 www.lacasasulmare.it

La Vigna (M)
El hotel se halla en un viñedo situado sobre el mar. Tiene habitaciones de cuatro categorías pero todas son excelentes. Para completar la oferta, los huéspedes disponen de un spa.
- ✉ Via Principessa Margherita 46, Prócida
- ☎ 081 896 0469
- 🖰 www.albergolavigna.it

COSTA AMALFITANA

Amalfi

Hotel Santa Caterina (C)
Elegante, refinado y muy aristocrático, el *Santa Caterina* es un lujoso hotel situado en una luminosa casa del siglo XIX adornada con muebles antiguos y muchos detalles que lo convierten en el alojamiento perfecto. Todas la habitaciones tienen vistas al mar; y además dispone de un impresionante ascensor

para que sus huéspedes puedan acceder a la playa sin cansarse.

✉ Via Mauro Comite 9, Amalfi
☎ 089 871 012
🖥 www.hotelsanta caterina.it

Anantara Grand Hotel Convento di Amalfi (C)

Pertenece a la cadena Anantara y está alojado en el interior de un antiguo convento del siglo XII. En sus lujosas y amplias habitaciones han sabido combinar la comodidad y el buen gusto y todas son acogedoras y cálidas. Los espacios comunes son impresionantes y dispone de un ascensor excavado en la roca para que sus huéspedes puedan subir y bajar.

✉ Via Annunziatella 46, Amalfi
☎ 089 873 6711
🖥 www.ghconvento diamalfi.com

Villa Lara (M)

Es un hotel de tres estrellas situado dentro del pueblo de Amalfi, que dispone de seis acogedoras habitaciones y de un bonito jardín.

✉ Via delle Cartiere 1, Amalfi
☎ 089 701 2464
🖥 www.villalara.it

Marina Riviera (C)

Hotel de 4 estrellas situado enfrente de la playa del pueblo. Cuenta con habitaciones luminosas con maravillosas vistas a la costa. Agunas de ellas disponen de unas terrazas con arcadas que se pueden ver en su blanca fachada.

✉ Via Pantaleone Comite 19, Amalfi
☎ 089 871 104
🖥 www.marina riviera.it

Luna Convento (C)

Posiblemente el más bello de todos los hoteles situados en el centro de Amalfi. Es un antiguo monasterio con un espectacular claustro del siglo XIII. Sus habitaciones son todas distintas y están decoradas con gusto. No te pierdas su piscina de agua salada. Es una maravilla.

✉ Via Pantaleone Comite 33, Amalfi
☎ 089 871 002
🖥 www.lunahotel.it

Lidomare (M)

Un bonito hotel de aire antiguo y familiar en el centro de Amalfi que ocupa un edificio del siglo XIV. Dispone de muy buenas habitaciones con maravillosas vistas al mar y otras a una escondida plaza muy agradable y tranquila.

✉ Largo Duchi Piccolomini 9, Amalfi
☎ 089 871 332
🖥 www.lidomare.it

Fontana (M)

El clásico y algo viejo hotel en la plaza del Duomo. Habitaciones cómodas y sencillas y un trato muy atento.

✉ Piazza Duomo 7, Amalfi
☎ 089 871 530
🖥 www.hotelfontana amalfi.com

Sant'Andrea (E)

Justo enfrente del Duomo. Es el mejor hotel para alojarse en Semana Santa o el día de Sant'Andrea, el patrón de Amalfi, y poder ver las procesiones. Las habitaciones son sencillas y los precios son bastante razonables.

✉ Salita Costanza d'Avalos 1, Amalfi
☎ 089 871 145
🖥 www.albergo santandrea.it

Atrani

Palazzo Ferraioli (C)

Abierto hace pocos años, es un hotel cuatro estrellas con piscina y terraza panorámica situado en un antiguo palacio construido en el siglo XIX pero moderno y funcional en su interior. Cada una de sus habitaciones está dedicada a alguna actriz famosa.

✉ Via Campo 16, Atrani
☎ 089 872 652
🖥 www.palazzo ferraioli.it

Minori

Villa Romana (C)

Se halla en un palacio del centro de Minori y dispone de habitaciones sencillas que dan a un jardín con piscina. Los espacios comunes están decorados con mucho gusto.

✉ Corso Vittorio Emanuele 90, Minori
☎ 089 877 237
🖥 www.hotelvilla romana.it

Dormir en Ravello

Los mejores hoteles de Ravello son bastante caros, pero en algunas fechas se pueden encontrar ofertas que permiten hacer un exceso y darse el gusto de pasar una noche en el mismo sitio que lo hicieran algunas personalidades del mundo del arte, la música y el cine. Entre los más conocidos están **Villa Cimbrone** (Via Santa Chiara 26; telf. 089 857 459; www.hotelvillacimbrone.com); el hasta hace poco *Palazzo Sasso* que ha cambiado el nombre por **Palazzo Avino** (Via San Giovanni del Toro 28; telf. 089 818 181; www.palazzoavino.com). Y entre los más baratos están estos: **Garden** (Via Giovanni Boccaccio 4; telf. 089 857 226; www.gardenravello.com); **Graal** (Via della Repubblica 8; telf. 089 857 222; www.hotelgraal.it); **Toro** (Via Roma 16; telf. 089 857 211; http://hoteltoro.com).

Paestum

Villa Rita (M)
Para quien quiera alojarse en Paestum y poder disfrutar de los templos iluminados por la noche, este es el lugar adecuado. Sus habitaciones son sencillas y cómodas, tiene piscina y jardín.
- ✉ Via Nettuno, 9, Paestum
- ☎ 0828 811 081
- 🖰 www.hotelvillarita.it

Positano

La Fenice (C)
Bonito y sencillo pero con todo el encanto mediterráneo. Tiene una piscina estupenda con jacuzzi y cascada incluida.
- ✉ Via G. Marconi 4, Positano
- ☎ 089 875 513
- 🖰 www.lafenice
  positano.com

Le Sirenuse (C)
Unos de los más exquisitos hoteles de la costa. Lujosas habitaciones de estilo mediterráneo decoradas con gusto. Tiene una bonita piscina.
- ✉ Via Cristoforo Colombo 30, Positano
- ☎ 089 875 066
- 🖰 https://sirenuse.it

Hotel Pupetto (M)
Situado a un lado de la playa del Fornillo, en un antiguo jardín de limoneros. Todas las habitaciones tienen balcón con vistas al mar.
- ✉ Via Fornillo 37, Positano
- ☎ 089 875 087
- 🖰 www.hotelpupetto.it

Albergo Conca d'Oro (M)
Es una villa antigua en una bonita zona verde. Las habitaciones son sencillas pero cómodas y acogedoras.
- ✉ Via Boscariello 16, Positano
- ☎ 089 875 111
- 🖰 https://hotelconcadoro
  positano.com

Le Agavi (C)
Es un hotel de cinco estrellas construido en la roca y dispuesto en terrazas y salones muy elegantes. Todas las habitaciones sin excepción disponen de balcón o terraza.
- ✉ Via Guglielmo Marconi 171, Positano
- ☎ 089 875 733
- 🖰 www.leagavi.it

Il San Pietro di Positano (C)
Lujoso y paradisíaco hotel en la costa amalfitana; dispone de restaurante, piscina y playa privada. Habitaciones amplísimas y luminosas con todo lujo de detalles.
- ✉ Via Laurito 2, Positano
- ☎ 089 875 455
- 🖰 www.ilsanpietro.it

Salerno

Grand Hotel Salerno (C)
Aunque las tarifas son elevadas en este hotel de cuatro estrellas casi siempre hay ofertas. Las habitaciones son amplias, luminosas y modernas.
- ✉ Lungomare Clemente Tafuri 1, Salerno
- ☎ 089 704 1111
- 🖰 www.grandhotel
  salerno.com

Plaza (E)
Este hotel se encuentra situado en el centro de Salerno y dispone de 42 habitaciones sencillas y cómodas.
- ✉ Piazza Vittorio Veneto 42, Salerno
- ☎ 089 224 477
- 🖰 www.plaza
  salerno.com

Hotel Montestella 1914 (E-M)
Este hotel cuatro estrellas se encuentra situado en el mismo centro de la ciudad, en un edificio que se remonta a los años veinte del siglo pasado. Habitaciones sencillas, pero amplias y cómodas.
- ✉ Corso Vittorio Emanuele 156, Salerno
- ☎ 089 225 122

Ir de compras

LIBRERÍAS

Libreria Langella
Es una librería que abrió en 2014 y promueve la cultura del libro con pasión proponiendo títulos de editoriales pequeñas o fuera de mercado.
✉ Via Port'Alba 10, Nápoles
☎ 081 549 8231
🌐 www.librerialangella.it

Libreria Antiquaria Carlo Regina
Para quien quiera comprar libros antiguos, postales, fotos, carteles....
✉ Via Santa Maria de Costantinopoli 51, Nápoles
☎ 081 459 983
🌐 www.libreriaregina.it

Feltrinelli
Es una de las librerías italianas más prestigiosas donde se puede comprar música y literatura en varios idiomas.
✉ Piazza G. Garibaldi (en la estación); Via dei Greci 70-76 y Via Santa Caterina a Chiaia 23, Nápoles
☎ 02 9194 7777
🌐 www.lafeltrinelli.it

ALIMENTACIÓN

La Bottega dei Ferriere
Productos gourmet de la región napolitana de excelente calidad. Además, el trato es amable.
✉ Via Giovanni Paladino 2/A, Nápoles
☎ 089 551 9781

Antico Forno delle Sfogliatelle Calde Fratelli Attanasio
Pastelería sencilla, pero con ricas recetas de los dulces napolitano.
✉ Vico Ferrovia 1, Nápoles
☎ 081 285 675
🌐 http://sfogliatelle attanasio.it

Pasticceria Andrea Pansa
Además de ser una de las terrazas más entretenidas que hay en Amalfi, situada en el centro, vende los mejores pasteles y tartas de la localidad.
✉ Piazza Duomo 40, Amalfi
☎ 089 871 065
🌐 www.pasticceria pansa.it

ROPA Y COMPLEMENTOS

Eddy Monetti
Dos tiendas de ropa de gran calidad para hombre y mujer.
✉ Piazzetta Santa Caterina 7, Nápoles (para mujer) Via dei Mille 45, Nápoles (para hombre)
☎ 081 403 229/ 081 407 064
🌐 https://eddymonetti.com

Fratelli Tramontano
Un clásico artesano de bolsos y carteras de piel con diseños exclusivos. Cantantes de rock, actores y actrices de cine son sus clientes.
✉ Via Chiaia 143, Nápoles
☎ 081 414 837
🌐 https://tramontano.it

Marinella
Venden elegantes complementos para hombre y mujer desde 1914.
✉ Riviera di Chiaia 287A, Nápoles
☎ 081 764 4214
🌐 www.emarinella.eu

Italguanto
Constituye uno de los comercios más famosos

de Nápoles dedicado a la venta de guantes.

- ✉ Via Pandolfo Collenuccio 7, Nápoles
- ☎ 081 544 0786
- 🌐 www.italguanto.it

Carthusia Profumi
Utilizan materias primas naturales para confeccionar las diferentes fragancias.

- ✉ Via Li Curti 2, Capri; Viale Axel Munthe 26, Anacapri; Corso Italia 117, Sorrento; Via della Tartana, Positano
- 🌐 www.carthusia.it

ARTESANÍA Y ANTIGÜEDADES

Bowinkel
Desde el siglo xix lleva esta familia vendiendo antigüedades.

- ✉ Via Calabritto, 1, Nápoles
- ☎ 335 776 1312
- 🌐 www.bowinkel.it

Giuseppe e Marco Ferrigno
Fabricación de estatuas de terracota para los belenes.

- ✉ Via San Gregorio Armeno 8, Nápoles
- ☎ 081 552 3148
- 🌐 www.arteferrigno.it

La Scuderia del Duca
Además de papel, la famosa carta de Amalfi, vende objetos antiguos.

- ✉ Largo Cesareo Console 8, Amalfi

- ☎ 089 872 976
- 🌐 www.carta-amalfi.com

Gambardella
Los más famosos artesanos de las figuritas de belenes de San Gregorio Armeno.

- ✉ Via San Gregorio Armeno 49, Nápoles
- ☎ 081 551 4115
- 🌐 https://gambardella presepi.com

Legatoria Artigiana
Elaboran y venden bonitos objetos de papel de calidad.

- ✉ Palazzo Marigliano, Via San Biagio dei Librai 39, Nápoles
- ☎ 081 551 1280
- 🌐 www.legatoriartigiana napoli.it

La Riggiola
Están especializados en la producción y recuperación de los famosos suelos de cerámica napolitana.

- ✉ Traversa Palmarosa 12, Herculano
- ☎ 081 777 3569
- 🌐 www.la-riggiola.com

JOYERÍAS

Caso
Una de las más prestigiosas joyerías que vende sobre todo relojes.

- ✉ Via Bisignano 13, Nápoles
- ☎ 081 403 940/ 405 639
- 🌐 www.caso.it

Brinkmann
Conocida relojería y joyería que lleva dedicada a la fabricación artesana de joyas desde hace más de cien años.

- ✉ Piazza Municipio 21, Nápoles
- ☎ 081 552 0555
- 🌐 www.brinkmann.it

La bottega del Gioiello
Un taller de orfebrería donde hacen joyas con piedras preciosas.

- ✉ Corso Italia 179-181, Sorrento
- ☎ 081 878 5419
- 🌐 www.bottegadel gioiello.it

MERCADOS

Durante los meses de noviembre y diciembre se celebra en Nápoles uno de los mercados más característicos de la ciudad, el **Mercato dei Presepi** (Via S. Gregorio Armeno 14-52, www.comune.napoli.it), donde se pueden encontrar muchas versiones y en distintos materiales de portales de belén, estatuas de terracota, figuras de vírgenes, pastores y otros personajes, bien sencillas o en movimiento, conseguido gracias a algún mecanismo. *Via San Gregorio Armeno y alrededores.*

▎Llevar a los niños

Bowling Oltremare

Comenzó siendo una bolera, pero con el tiempo fue ampliando su oferta de actividades y todavía hoy continúa buscando nuevas iniciativas. Ahora es un gran espacio en el que se puede jugar a los bolos pero también hay billares. Muchos organizan aquí sus fiestas de cumpleaños.

- ✉ Viale John Fitzgerald Kennedy 12, Nápoles
- ☎ 081 624 444
- 🖰 www.bowlingoltremare.it

Edenlandia

Fue el primer parque temático europeo; se trata de un parque de atracciones con una amplia y variada oferta de entretenimientos.

- ✉ Viale John Fitzgerald Kennedy 76, Nápoles
- ☎ 081 593 7626
- 🖰 www.edenlandia.it

Museo del Mare

Una entretenida exposición de restos marinos, intrumentos de navegación y de pesca. Maquetas de barcos, trajes, sellos, fotografías y muchas más curiosidades. Es un lugar interesante para visitar con niños.

- ✉ Palazzo dell'Orologio Via Giovanni da Procida 3, Ischia Ponte
- ☎ 081 981 124
- 🖰 www.museodelmare ischia.it

Visitar volcanes: Vesubio y Solfatara

La actividad volcánica de la zona permite visitar lugares increíbles donde niños y adultos aprenden y disfrutan de fenómenos que normalmente no pueden observar tan de cerca. Subir al Vesubio o pasear entre las chimeneas humeantes de la solfatara son experiencias inolvidables.

Città della Scienza

Esta iniciativa fue desarrollada por la fundación IDIS. Disponen de una oficina para niños de hasta 9 años, la **Officina dei Piccoli**; también hay un planetario y un gimnasio de la ciencia además de organizar exposiciones temporales.

- ✉ Via Coroglio 57/104, Bagnoli, Nápoles
- ☎ 081 7352 424 / 7352 222
- 🕐 De martes a domingo de 9 a 17 h; en verano, de 10 h a 16 h; lunes, cerrado
- 🚌 607 o C1
- 🖰 www.cittadellascienza.it

Museo Nazionale Ferroviario di Pietrarsa

Una gran exposición de locomotoras de vapor y eléctricas para los que estén interesados en las viejas máquinas y la cultura ferroviaria.

- ✉ Traversa Pietrarsa, Nápoles.
- ☎ 081 472 003
- 🖰 www.museo pietrarsa.it

Centro Musei delle Scienze Naturali

Está constituido por museos de Mineralogía, Zoología, Antropología, Física y Paleontología. El gran valor científico e histórico de la colección unido al importante interés artístico y cultural hace que la visita resulte muy instructiva.

- ✉ Via Mezzocannone 8, Nápoles
- ☎ Se puede visitar con guía pero con cita previa en el 081 253 7587
- 🎟 Entrada familiar para los cinco museos, 10 €
- 🖰 www.museiscienze naturaliefisiche.it

Las playas

A lo largo de la costa hay muchas playas pequeñas y alguna más grande en las que se puede pasar un rato agradable; a algunas solo se puede acceder en barca y en muchas ciudades, como Sorrento, Positano, Amalfi o Cetara, al lado de los muelles, hay quioscos donde se pueden comprar los billetes de los barcos que salen hacia playas cercanas; también es posible contratar el servicio de ida y vuelta en una pequeña barca para llegar a las de más difícil acceso.

I Divertirse

VIDA NOCTURNA

Nápoles

Dos zonas se reparten la marcha en Nápoles: Chiaia y los alrededores de la Piazza Bellini con sus terrazas especialmente llenas en primavera y verano.

Bourbon Street
Es uno de los primeros locales que se abrió en la ciudad para los amantes del jazz.
- ✉ Via Vincenzo Bellini 52-53
- ☎ 338 825 3756
- 🌐 www.bourbonstreet jazzclub.com

Chalet Ciro A Mergellina
Ideal para pasar un rato tranquilo frente al puerto mirando los yates. Tienen muchos postres para elegir y sirven aperitivos y cócteles.
- ✉ Via Caracciolo 66
- ☎ 081 669 928
- 🌐 www.chaletciro1952.com

Enoteca Belledonne
Es un clásico para los que frecuentan la zona de Chiaia; un bar que dispone de una larga carta de vinos y algún que otro plato para picar algo por las tardes.
- ✉ Via Belledonne a Chiaia 18
- ☎ 081 403 162
- 🌐 www.enotecabelle donne.eu

Caffè dell'Epoca
Los bajos precios atraen a numerosos estudiantes. La estrella es el *Spritz*.
- ✉ Via Santa Maria di Costantinopoli, 82-83
- ☎ 081 033 0515

Caffè Letterario Intra Moenia
Tan agradable su terraza en verano como sus literarios salones en el interior. También publican libros.
- ✉ Piazza Bellini 67-70
- ☎ 081 451 652
- 🌐 www.intramoenia.it
- 🕐 Todos los días, de 10 h a 2 h

Perditempo
Animadísimo para tomar café, vino, copas. Es tan pequeño que la gente tiene que salir a la calle con su bebida.
- ✉ Via San Pietro a Maiella 8, Nápoles
- ☎ 081 449 548

Sorrento

Insolito Night & Day
Para el día y para la noche, como su nombre indica, este es un local en el que la música, los cócteles y el ambiente divierte y gusta a gente joven.
- ✉ Corso Italia 38/E
- ☎ 081 877 2409

Fauno Notte Club
Es una discoteca pero también hace las veces de un local para otras celebraciones, incluso bodas.
- ✉ Piazza Torquato Tasso 13
- ☎ 081 878 1021
- 🌐 www.faunonotte.it

Filou Club
Ideal para bailar y tomar copas hasta tarde.
- ✉ Via S. Maria della Pietà 12
- ☎ 081 878 2083
- 🌐 https://filouclub sorrento.it

English Inn
En el típico estilo del pub inglés: música y cerveza. Buenos desayunos con beicon y huevos.
- ✉ Corso Italia 55
- ☎ 333 159 9307
- 🌐 www.englishinn-rooms.it

Costa amalfitana

Music on the Rocks
Otra discoteca dentro de una gruta, donde se puede bailar pero también cenar o simplemente tomar una copa.
- ✉ Via Grotta dell'Incanto 51, Positano
- ☎ 089 875 874
- 🌐 https://musiconthe rocks.it

Gerry's Pub
Un pub-restaurante a la inglesa en Amalfi para quien quiera algo menos espectacular que los anteriores.
- ✉ Piazza G. Amodio, 3, Amalfi
- ☎ 339 307 1476
- 🌐 www.gerryspub.it

En la Costa Amalfitana no se encuentran muchas discotecas, pubs o clubs nocturnos como los entendemos aquí. En general casi todos los cafés y algunos restaurantes e incluso muchos hoteles ofrecen los mismos servicios que un pub. En verano es fácil encontrarlos porque la mayoría disponen de animadas terrazas en la calle o enfrente de las playas.

Salerno

Black Roses Irish Pub
Es un pub donde se puede beber y comer, entre otras cosas, platos vegetarianos; punto de encuentro de amigos que sobre todo quieren tomar cervezas.
- ✉ Via L. Vinciprova 38
- ☎ 338 277 5577

Rocce Rosse
Club exclusivo con ambiente moderno y elegante; por la noche se puede bailar con los DJ's y la música en directo. De vez en cuando organizan fiestas. También pizzería.
- ✉ Via Enrico de Marinis, 2, Vietri sul Mare, Salerno
- ☎ 089 763 3111
- 🌐 www.lloydsbaia hotel.it

B-side
Club nocturno que ofrece buena y variada música en una discoteca junto al mar que se disfruta sobre todo en verano gracias a su magnífica terraza. También música en directo.
- ✉ Via Generale Clark, 17
- ☎ 335 707 1750

▌Fiestas y festividades

Días festivos

Conviene tener en cuenta que la mayoría de los museos y los comercios cierra estos días.

1 de enero
Año Nuevo.
6 de enero
Epifanía; procesión de niños el día 6 de enero en la Piazza del Plebiscito de Nápoles.
Marzo/abril
Semana Santa, muy especial la de la isla de Prócida.
25 de abril
Día de la Liberación.
1 de mayo
Día del Trabajo.
Primer domingo de mayo
San Genaro.
15 de agosto
Ferragosto, Día de la Asunción.
1 de noviembre
Todos los Santos.
8 de diciembre
Día de la Inmaculada.
16 de diciembre
San Genaro.
25 de diciembre
Navidad.
26 de diciembre
Santo Stefano.
31 de diciembre
San Silvestro y Fin de Año.

Otras festividades

Primavera

La **Semana de la Cultura,** con un tema diferente cada año, se celebra en primavera en la ciudad de Nápoles, durante la cual se puede asistir de forma gratuita a conferencias, conciertos, visitas guiadas u otras de las numerosas propuestas culturales organizadas. Todo ello es posible gracias tanto a la iniciativa estatal como a la privada, así se habilitan interesantes es-

pacios que normalmente están cerrados al público.

Mayo

Maggio dei Monumenti es uno de los acontecimientos culturales de Nápoles pensado especialmente para el turismo; durante todo un mes se organizan visitas guiadas, teatro, danza, etc.
Wine & the City Festival; en Nápoles (www.wineandthecity.it), sobre los vinos regionales con catas gratis, exposiciones, teatro, etc.
Segunda mitad de mayo: **Regata Internacional de los Tres Golfos;** se celebra en Nápoles, Salerno y Gaeta (www.rolexcaprisailingweek.com).

Junio

En Nápoles se celebra el **Festival de Teatro** (www.napoliteatrofestival.it) y el **Napoli Bike** (www.napolibikefestival.it).

Última semana de junio: **Ischia Film Festival** (www.ischiafilmfestival.it).
Junio-septiembre: **Ravello Festival,** música en un maravilloso entorno natural (www.ravellofestival.com).
Junio-septiembre: **Festival de las Villas Vesubianas,** en Herculano, que se convierte en escenario de teatro, conciertos, cine, etc.

Julio

26 de julio: **Sant'Anna,** la fiesta grande de Ischia, con carrozas flotantes y la simbólica quema del Castello Aragonese.

Agosto

El 15 se celebra en toda Italia el **Ferragosto,** que deriva de las "Feriae Augusti" del imperio romano.

Diciembre

Navidad, la mayoría de las iglesias ponen sus *presepi.*

Información práctica

▍ Direcciones útiles

Embajada de España en Italia
Palacio Borghese, Largo Fontanella di Borghese, 19. Roma
Telf. (+39) 06 684 04 01
www.exteriores.gob.es

Consulado de España en Nápoles
Palazzo Leonetti, Via dei Mille, 40
Telf. (+39) 081 414 115;
www.exteriores.gob.es

Oficina de Turismo de Italia en España
Paseo de la Castellana,114, escalera 1,4°-1
28046 Madrid
Telf. 91 567 06 70

Más información:
http://incampania.com

▍ Oficinas de turismo

Nápoles
Via San Carlo, 9, telf. 081 402 394; Piazza del Gesú, telf. 081 551 2701; Via Marino Turchi, 16, telf. 081 240 0911; www.infoturismonapoli.com, www.visitnaples.eu.

Capri
Piazza Umberto I, en Capri, telf. 081 837 0686; Banchina del Porto, en Marina Grande, telf. 081 837 0634; Via G. Orlandi, 59, en Anacapri, telf. 081 837 1524. www.cittadicapri.it

Sorrento
Via Padre Reginaldo Giuliani 46, telf. 081 877 1784, www.sorrentotouristoffice.com

ANTES DE PARTIR

▍ Requisitos para el viaje

Como para cualquier país de la Unión Europea, para viajar a Italia desde España solo es necesario el DNI en vigor, no hace falta pasaporte ni visado. Si se viaja en coche se debe llevar, además de la documentación del vehículo y el seguro, el carné de conducir en regla. Este último es lo único necesario si se desea alquilar un coche en algún momento del viaje.

▍ Cuándo viajar

Como en casi todas las ciudades con clima mediterráneo, la primavera, el verano y el otoño son las estaciones perfectas para visitar Nápoles; quien pueda y desee conocer el verdadero ritmo de la ciudad debe visitarla de marzo a junio y de septiembre a noviembre. Los mejores meses para la costa son junio y septiembre.

Los períodos de temporada alta son la Semana Santa, los meses de julio-agosto y la Navidad; en estas fechas es necesario reservar con antelación, pues las ciudades de Nápoles y Salerno disponen de menos alojamientos que otras grandes ciudades de Italia y los pueblos de la costa acaban saturados.

Aunque en general el clima es templado, puede variar bastante de una zona a otra: la zona de la costa disfruta de un clima mediterráneo, templado y cálido, con una temperatura media de 17 °C, con lluvias frecuentes en invierno y primavera; la zona del interior presenta las características propias del clima subcontinental, con una temperatura media de 14 °C, abundantes precipitaciones en primavera, otoño e invierno, incluso de nieve en las montañas durante los días más fríos.

CÓMO IR

▍ En avión

Desde Madrid, la compañía *Iberia* (telf. 91 333 67 01 y 900 111 500; www.iberia.com) y *Easyjet* (telf. 900 827 352; www.easyjet.com) ofrecen vuelos directos a Nápoles y, desde Barcelona, *Vueling* (telf. 900 645 000; www.vueling.com); *Alitalia* (telf. 902 100 323; www.alitalia.es) vuela vía Milán y Roma desde Madrid y Barcelona. Los precios varían según la temporada pero se pueden conseguir desde 150 € aproximadamente.

Nápoles solo dispone del **Aeroporto di Capodichino** (Viale Fulco Ruffo di Calabria; telf. 081 789 6259, www.aeroportodinapoli.it) situado a 7 km de la ciudad.

Desde el aeropuerto salen **autobuses** de la *ANM* (Azienda Napoletana Mobilità, telf. 800 639 525) con parada en varios puntos de la ciudad; el *Alibus*, también ccon frecuencia, va del aeropuerto hasta Piazza Garibaldi, donde se puede enlazar con el metro, el tren, la *circumvesuviana* u otros autobuses, y termina su recorrido en el puerto, Molo Beverello, desde donde salen los ferris a las islas, a Sorrento y a la Costa Amalfitana. Para ir a Sorrento en unos 70 minutos, *Curreri* (telf. 081 1946 0894; www.curreriviaggi.it) realiza varios viajes diarios.

Si se prefiere el **taxi**, existen tarifas fijas desde el centro de Nápoles, desde el Molo Beverello y desde Mergellina. Para llegar a la Costa Amalfitana desde el aeropuerto también es una buena opción el taxi (*Andrea Arpino;* telf. 333 756 5807; www.amalfitransfer.it), y no demasiado cara.

En tren
Mucho más lento pero agradable es el viaje en el tren; desde España ya no viaja ningún tren a Italia. Desde Roma se puede llegar a Nápoles en los trenes *Eurostar* o en los *Intercity* (www.trenitalia.com).

En coche
Desde Madrid hay 2.200 km y desde Barcelona algo más de 1.500 km. El viaje en coche desde España debe hacerse por la Costa Azul, la A-1 hasta la frontera; continuar por la A-10 hasta Génova y luego hasta la Toscana por la A-12 hasta Lucca y por la A-11 hasta Arezzo; desde aquí la A-1 lleva directamente a Nápoles.

CÓMO MOVERSE POR NÁPOLES Y ALREDEDORES

En Nápoles
Nápoles está perfectamente comunicada por los casi mil **autobuses** de los que dispone la *Azienda Napoletana Trasporti*, que circulan por la ciudad enlazando los distintos barrios y son las **líneas R2** (Piazza Garibaldi-Piazza Trieste e Trento) y **R3** (Piazza Trieste e Trento-Mergellina) y las nocturnas **401** y **460** las más frecuentadas por el turismo. Comienzan a las 5.30 h, terminan a las 24 h y los nocturnos funcionan desde las 24 h hasta las 5 h. Para hacer turismo es muy aconsejable el *City Sightseeing Napoli* (telf. 081 551

Excursiones a Pompeya y Herculano

A Pompeya:
En tren desde Nápoles (aprox. 35 minutos): Circumvesuviana Nápoles-Sorrento (parada Pompei Scavi o Pompei Villa dei Misteri). Circumvesuviana Nápoles-Poggiomarino (parada Pompei Santuario). Ferrovia dello Stato desde Nápoles a Salerno (parada Pompei) y en autobús CSTP número 50 (más rápido y por autovía) desde Salerno a Pompeya.
En autobús SITA desde Nápoles a Salerno y luego en autobús CSTP número 50.
En coche: A3, Autostrada Nápoles-Salerno (salida Pompei ovest), 30-40 minutos aprox.

A Herculano:
En tren desde Nápoles (20 minutos más 10 o 15 minutos andando): Circumvesuviana Nápoles-Sorrento (parada Ercolano). Circumvesuviana Nápoles-Poggiomarino (parada Ercolano).
En coche: A3, Autostrada Nápoles-Salerno (salida Ercolano), 20 minutos aprox.

Sanidad

La **tarjeta sanitaria europea** es gratuita y se puede adquirir en la Seguridad Social de España. Reconoce el derecho a recibir atención médica en los países de la Unión Europea. Conviene saber que, en caso de tener que acudir a un hospital, hay que pagar pruebas como radiografías, análisis, etc. y que es necesario exigir el recibo para poder solicitar, ya en España, la devolución del coste de la consulta.

Farmacias

Las **farmacias** que están señaladas con una cruz roja o verde abren normalmente de lunes a viernes de 8.30 h a 13.30 h y de 16.30 h a 20 h. Las farmacias de guardia están abiertas los sábados y domingos; el turno de noche comienza a las 20 h y termina a las 8.30 h del día siguiente. En las ciudades grandes también hay farmacias que abren 24 h. Las cerradas tienen una lista de las de guardia.

72 79; www.city-sightseeing.it/it/napoli) en el que se puede subir y bajar cuando se quiera. Los **tranvías** comunican el barrio de Chiaia con la zona oriental de la ciudad. Los **funiculares** suben cómodamente hasta el Vomero y Posillipo. El **metro** de Nápoles también funciona muy bien y es el medio más rápido cuando se tiene prisa y se quiere evitar el tráfico.

Por la provincia

Barcos

Del puerto de **Mergellina** salen barcos a Capri, Ischia y Sorrento. Pero el gran puerto de Nápoles es el **Molo Beverello,** de donde parten los barcos y ferris hacia las islas, la Península Sorrentina y la Costa Amalfitana. Las principales compañías que operan en la zona son *Alilauro* (www.alilauro.it); *Caremar* (https://shop.caremar.it); *Medmar* (www.medmargroup.it); *Navigazione Libera del Golfo* (www.nlg.it); *SNAV* (www.snav.it); *Travelmar* (www.travelmar.it); *Tirrenia* (www.tirrenia.it) ; y *Siremar* (www.siremar.it).

Trenes

De Porta Nolana (telf. 800 211 388; www.eavsrl.it), sale un tren de cercanías, la **Circumvesuviana,** que va de Nápoles a Herculano y, entre muchas otras paradas, están la de Pompeya y Sorrento. Y desde Piazza Montesanto sale la línea de tren **Cumana** que comunica Nápoles con Pozzuoli y los Campi Flegrei.

Automóvil

Quien prefiera el coche debe saber que los vehículos no residentes no pueden entrar en el centro histórico de Nápoles y, en las ciudades de la costa, el tráfico es muy caótico. Además, los aparcamientos públicos escasean, está lleno de zonas azules que exigen tiques de aparcamiento (los venden en los *tabacchi*, quioscos, parquímetros y en algunos bares) y resulta bastante caro. Es posible aparcar en garajes si se encuentra alguno cerca; las tarifas varían mucho de un barrio a otro.

Autobuses

Varias compañías comunican los distintos puntos de la región. En Nápoles salen de Piazza Garibaldi y también desde el aeropuerto. Las cuatro más importantes son: *SITA* (telf. 080 579 0111, https://sitasudtrasporti.it/), *Marino* (telf. 080 311 23 35, www.marinobus.it), *Miccolis* (tel. 344 274 0135, WhatsApp; www.busmiccolis.it) y *CLP* (tel. 081 531 17 07; www.clpbus.it).

Alquiler de vehículos

Generalmente se exige haber cumplido los 25 años y estar en posesión del carné de conducir, con un año de antigüedad como mínimo, y una tarjeta de crédito. Las oficinas se suelen localizar en los aeropuertos, estaciones de tren y en el centro de las grandes ciudades (**Avis**, www.avisautonoleggio.it; **Hertz**, www.hertz.it; **Europcar**, www.europcar.it; **Maggiore,** www.maggiore.it).

Conducir en Italia

Otra opción para desplazarse por esta región es el coche porque optimiza el tiempo en los trayectos, evita las esperas, dota de flexibilidad la estancia y permite al viajero conocer lugares a los que es más difícil llegar. En Italia se conduce por la derecha y se adelanta por la izquierda. La velocidad está limitada a 50 km/h en ciudad, 90 km/h en carretera, 110 km/h en autovías y 130-150 km/h en autopistas de peaje *(autostrade)*. Las carreteras pueden resultar caóticas; en las grandes urbes hay que tener cuidado por el gran número de motos que circulan. Los distintos tipos de gasolina se llaman *benzina* (gasolina), *benzina senza piombo* (gasolina sin plomo) y *gasolio* (diesel). El límite de alcohol en sangre en Italia es de 0,05%.

DURANTE LA ESTANCIA

Moneda y tarjetas

El euro es la moneda de Italia desde 2002. En casi todos los hoteles, restaurantes y tiendas de ciudades como Nápoles, Sorrento o Salerno se puede pagar con tarjeta de crédito, pero en muchos de los pequeños negocios o barcos en los pueblos más pequeños de la región solo se puede pagar en *cash*; siempre conviene llevar dinero en el bolsillo porque incluso donde sí disponen de datáfono a veces "no funciona".

Horarios

La hora oficial es la misma que en España. Los horarios son muy parecidos a los españoles, aunque puede variar bastante según el tamaño de la ciudad, especialmente el de las iglesias y los museos. Los comercios abren generalmente de 9 h a 13.30 h y de 16 h a 20 h.

Teléfono

Todavía quedan cabinas telefónicas en Italia, a pesar de ser uno de los países europeos en los que más extendido está el uso del móvil, pero casi todas funcionan con tarjeta de prepago (de venta en quioscos y *tabacchi)* o de crédito. Para llamar desde un móvil español dentro de Italia hay que marcar +39, el prefijo de Italia; el prefijo de Nápoles es el 081. Los números gratuitos utilizados por algunas compañías, conocidos como *numeri verdi,* suelen empezar por 800.

Números de emergencia

Asistencia en carretera 803 116
Ambulancias 118
Carabinieri 112
Policía 113
Bomberos 115
Cuerpo forestal del Estado 1515
SOS en el mar 1530

Carnés de descuentos

Hay diferentes carnés que pueden resultar muy prácticos para obtener descuentos y ofertas en hoteles, transportes, museos y en algunos comercios. Los jóvenes con el **Carné de Estudiante Internacional** (https://carne.isic.es) o el **Carné Joven Europeo** (www.eyca.org) tienen descuentos en transportes, museos y alquiler de coches. Estos carnés los proporcionan los organismos juveniles en la ciudad de origen.

▎ Idioma

El italiano es la lengua oficial del país, pero las regiones tienen dialectos propios y también un acento y vocabulario peculiares. En la mayoría de los centros turísticos se habla un poco de inglés, sin embargo menos del que esperamos –incluso en los grandes centros turísticos– y por ello no es extraño que sea más fácil hacerse entender en castellano si se habla despacio y con claridad.

En cuanto a la pronunciación, estas son algunas de las diferencias con el castellano: c+e= ch suave; ch seguida de e/i = k; g+i, e=y. Con respecto a las palabras que no llevan tilde, se acentúan en la penúltima o antepenúltima sílaba.

Español	Italiano	Español	Italiano
Fórmulas de cortesía			
Adiós	*Arrivederci / Ciao*	Buenos días	*Buon giorno*
Buenas tardes	*Buona sera*	Buenas noches	*Buona notte*
Gracias	*Grazie*	Hola	*Salve*
¿Qué tal?	*Come va?*	Por favor	*Per favore*
Señor	*Signor*	Señora	*Signora*
Señorita	*Signorina*	Perdón	*Mi dispiace*
Expresiones básicas			
Perdone	*Scusi*	¿Habla español?	*Parla spagnolo?*
Hablo solo un poco	*Parlo solo un poco*	No hablo italiano	*Non parlo italiano*
No entiendo	*Non ho capito*	No lo sé	*Non lo so*
Sí / No	*Sí / No*	Y	*E*
O	*O*	¿Qué hora es?	*Che ore sono?*
Más despacio	*Più lentamente*	Otra vez	*Ancora una volta*
De acuerdo	*Va bene*	Tengo una pregunta	*Ho una domanda*
¿Quién?	*Chi?*	¿Qué?	*Che?*
¿Cuándo?	*Quando?*	¿Dónde?	*Dove?*
¿Por qué?	*Perchè?*	¿Cómo?	*Come?*
Orientación			
A la derecha	*A destra*	A la izquierda	*A sinistra*
Allí	*Li*	Aquí	*Qui*
Alrededor de	*Intorno a*	Cerca	*Vicino*
Debajo	*Sotto*	Delante	*Davanti a*
Detrás	*Dietro a*	Encima	*Sopra*
Lejos	*Lontano*	Recto	*Dritto*
Lugares			
Avenida	*Corso, il*	Ayuntamiento	Comune, il
Banco	*Banca, la*	Calle	*strada, la / via, la*
Carretera	*strada, la*	Castillo	*Castello, il*
Catedral	*Duomo, il / cattedrale*	Ciudad	*Città, la*
Farmacia	*Farmacia, la*	Fuente	*Fontana, la*
Iglesia	*Chiesa, la*	Monasterio	*Monastero, il*
Museo	*Museo, il*	País	*Nazione, la*
Plaza	*Piazza, la*	Puente	*Ponte, il*
Río	*Fiume, il*	Torre	*Torre, la*

De compras

Abierto	*Aperto*	Barato	*Buon mercato*
Caro	*Caro*	Cerrado	*Chiuso*
Efectivo	*Effettivo*	Grandes almacenes	*Grandi magazzini, i*
Horario	*Orario, l´*	Rebajas	*Saldi, i*
Tarjeta de crédito	*Carta di credito, la*	Tienda	*Negozio, il*

Transporte

Aeropuerto	*Aeroporto l´*	Andén	*Binario, il*
Aparcamiento	*Parcheggio, il*	Avión	*Aereo, l´*
Autobús	*Autobus, l´/pullman, il*	Barco	*Nave, la*
Bicicleta	*Bicicletta, la*	Coche	*Macchina, la/auto, l´*
Embarcadero	*Molo, il*	Entrada	*Entrata, la*
Estación	*Stazione, la*	Estación de autobús	*Stazione dell'autobus*
Gasolinera	*Stazione di servizio, la*	Metro	*Metropolitana, la*
Puerto	*Porto, il*	Tren	*Treno, il*
Ticket de ida	*Andata*	Ticket de ida-vuelta	*Andata e ritorno*

En el hotel

Almohada	*Cuscino, il*	Baño	*Bagno, il*
Cama de matrimonio	*Letto matrimoniale, il*	Cama individual	*Letto individuale, il*
Ducha	*Doccia, la*	Equipaje	*Bagaglio, il*
Habitación	*Stanza, la*	Habitación doble	*Stanza doppia, la*
Habitación sencilla	*Stanza singola, la*	Habitación con ducha	*Stanza con doccia*
Habitación con baño	*Stanza con bagno*	Jabón	*Sapone, il*
Llave	*Chiave, la*	Manta	*Coperta, la*

Tiempo

Año	*Anno, l´*	Día	*Giorno, il*
Mes	*Mese, il*	Semana	*Settimana, la*
Ayer	*Ieri*	Hoy	*Oggi*
Mañana	*Domani*	Lunes	*Lunedi*
Martes	*Martedi*	Miércoles	*Mercoledi*
Jueves	*Gioverdi*	Viernes	*Vernerdi*
Sábado	*Sabato*	Domingo	*Domenica*
Enero	*Gennaio*	Febrero	*Febbraio*
Marzo	*Marzo*	Abril	*Aprile*
Mayo	*Maggio*	Junio	*Giugno*
Julio	*luglio*	Agosto	*Agosto*
Septiembre	*Settembre*	Octubre	*Ottobre*
Noviembre	*Novembre*	Diciembre	*Dicembre*
Verano	*Estate, l´*	Primavera	*Primavera, la*
Otoño	*Autunno, l´*	Invierno	*Inverno, l´*

Números

Uno	*Uno*	Dos	*Due*
Tres	*Tre*	Cuatro	*Quattro*
Cinco	*Cinque*	Seis	*Sei*
Siete	*Sette*	Ocho	*Otto*
Nueve	*Nove*	Diez	*Dieci*
Veinte	*Venti*	Treinta	*Trenta*
Cien	*Cento*	Mil	*Mille*

Varios

Buenos días	*Buon giorno*	Buenas tardes	*Buena sera*
Disculpe	*Mi scusi*	Está bien	*Va'bene*
De nada	*Prego*	No entiendo	*Non capisco*
Sí	*Sì*	No	*No*
Por favor	*Per favore*	Gracias	*Grazie*
Hola	*Ciao*	Adiós	*Arrivederci*
Perdón	*Mi dispiace*	¡Socorro!	*Aiuto!*
¿Cuánto?	*Quanto?*	Caro	*Caro*
Abierto	*Aperto*	Cerrado	*Chiuso*
Cordero	*Agnello*	Naranja	*Arancia*

Dinero

Banco	*Banco*	Billete	*Banconota*
Oficina de cambio	*Camibo*	Moneda	*Moneta*
Correos	*Posta*	Tarjeta de crédito	*Carta di credito*
Cajero	*Cassiere/a*	Chequera	*Libretto degli assegni*
Valor de cambio	*Tasso di cambio*	Comisión	*Commissione*
Dólar USA	*Dollaro*	Libra esterlina	*Serlina*
Cambio de moneda	*Cambio con l'estero* *Divisa valuta estera*	Cheques de viaje	*Assegno turistico*

Comer / beber

Agua	*Acqua*	Beber	*Bere*
Bebida	*Bevanda*	Bueno	*Bueno*
Caliente	*Caldo*	Carne	*Carne, la*
Carta	*Carta, la*	Cena	*Cena, la*
Cerveza	*Birra, la*	Comer	*Mangiare*
Comida	*Pranzo, il*	Café	*Caffè, il*
Cuenta	*Conto, il*	Desayuno	*Colazione, la*
Entrante	*Antipasto, l´*	Excelente	*Eccellente*
Frío	*Freddo, il*	Grande	*Grande*
Malo	*Cattivo*	Mesa	*Tavolo*
Pan	*Pane*	Pequeño	*Piccolo*
Pescado	*Pesce*	Plato principal	*Primo piatto*
Postre	*Dessert*	Queso	*Formaggio, il*
Restaurante	*Ristorante, il*	Reservar	*Prenotare*
Camarero	*Cameriere*	Cuenta	*Conto*
Menú del día	*Menú/carta*	Primero	*Il primo*
Cordero	*Agnello*	Naranja	*Arancia*
Mantequilla	*Burro*	Berenjena	*Melanzana*
Manzana	*Mele*	Fresas	*Fragole*
Carne de buey	*Manzo*	Aceite	*Olio*
Pimientos	*Peperoni*	Sardinas	*Sarde*
Trucha	*Trota*	Ternera	*Vitello*
Dorada	*Orata*	Lubina	*Branzino*
Rodaballo	*Rombo*	Almejas	*Vongole*
Mejillones	*Cozze*	Ajo	*Aglio*